Verena Wermuth
WIEDERSEHEN MIT SCHEICH KHALID

VERENA WERMUTH
»DIE VERBOTENE FRAU«

WIEDERSEHEN MIT SCHEICH KHALID

Weltbild

Bildnachweis
Fotos Bildstrecke: Alle Abbildungen stammen von Verena Wermuth.

Weltbild Buchverlag – Originalausgaben
© 2013 Weltbild Verlag GmbH, Industriestrasse 78, CH-4609 Olten
Alle Rechte vorbehalten
Lektorat: Susanne Dieminger
Satz: Uhl + Massopust, Aalen
Umschlaggestaltung: Maria Seidel, Teising

Das Werk einschließlich aller seiner Teile ist urheberrechtlich geschützt.
Jede Verwertung außerhalb der engen Grenzen des Urheberrechtsgesetzes
ist ohne Zustimmung des Verlages unzulässig und strafbar.
Dies gilt insbesondere für Vervielfältigungen, Übersetzungen,
Mikroverfilmungen und die Einspeicherung und Verarbeitung
in elektronischen Systemen.

ISBN 978-3-03812-509-9

Besuchen Sie uns im Internet:
Schweiz: weltbild.ch
Deutschland: weltbild.de
Österreich: weltbild.at

Du magst den vergessen, mit dem du gelacht,
aber nie den, mit dem du geweint hast.

Khalil Gibran

Vorwort

Als im Juni 2007 mein Buch Die verbotene Frau erschien, war ich zwar optimistisch, dass die Schilderung meiner arabischen Liebesgeschichte auf Interesse stoßen würde. Dass es allerdings innerhalb kurzer Zeit auf den Bestsellerlisten landen, in bisher 12 Sprachen übersetzt und verfilmt werden würde, hatte ich auch in meinen kühnsten Träumen nicht erwartet.

Der Erfolg des Buches und all die Erlebnisse, die damit verbunden waren, entwickelten sich zu einem weiteren großen Abenteuer in meinem Leben – obwohl ich auf manche Dinge und Situationen lieber verzichtet hätte. Letztendlich allerdings bedeuteten genau diese Erfahrungen ein großes Stück Lebensschule für mich. Doch dazu später mehr.

Damals hatte ich keinesfalls vor, ein zweites Buch zu schreiben. Doch im Laufe der Jahre erhielt ich Hunderte von Briefen, Mails und Karten, in denen mir Leserinnen und Leser mitteilten, wie sehr sie von meiner Geschichte beeindruckt waren. Fast immer endeten diese Schreiben mit der Frage, wie es denn Scheich Khalid und mir heute erginge. Ob wir noch in Kontakt wären, ob wir uns wieder gesehen hätten... Um die Privatsphäre von Scheich Khalid und seiner Familie zu schützen, kam es für mich seinerzeit nicht infrage, ein zweites Buch zu schreiben. Irgendwann – Inshallah – würden die Stimmen der Medien verstummen, die Nachforschungen über seine Person enden.

Mittlerweile sind sechs Jahre vergangen. Im Hintergrund ist einiges gelaufen. Der TV-Spielfilm über mein Buch Die verbotene Frau *mit Alexandra Neldel in der Hauptrolle wird demnächst ausgestrahlt. Erfreulicherweise wurden sowohl Inhalt und Schauplätze als auch gewisse Handlungen so verändert, dass es kaum möglich sein dürfte, auf Scheich Khalids wahre Identität zu schließen. Einem zweiten Titel beziehungsweise der Fortsetzung meiner Geschichte steht daher nichts mehr im Weg. Nicht zuletzt hoffe ich, mit diesem Buch sämtliche offenen Fragen zu beantworten.*

Ich bin mir dessen bewusst, dass diese Geschichte nicht frei von Widersprüchen ist. Doch das Leben ist zu komplex, als dass es sich so einfach in Schwarz und Weiß einteilen ließe. Es gibt Menschen, die wirken äußerlich ruhig und stehen innerlich in Flammen. Natürlich soll man seine wahren Gefühle zeigen. Nur – wie kann man es, wenn sie aus einer so sonderbaren Mischung von »ich will« und »ich will nicht« bestehen?

All jenen, die mich mit ihrer Anerkennung, ihrem Zuspruch und ihrem Interesse an meiner Liebesgeschichte zum Teil tief berührten, möchte ich dieses Buch widmen.

Zürich, im August 2013

Zurück in der Schweiz, April 1990

Die ersten zwei, drei Tage in der Schweiz denke ich ständig daran, wie es Khalid wohl gehen mag, nachdem ich ihn in Dubai am Flughafen zurückgelassen, sprich, vor vollendete Tatsachen gestellt habe.

»Diesmal trennen wir uns auf ewig«, sind meine letzten Worte zu Khalid. Gleich darauf streckt der uniformierte Beamte seine Hand aus, um meine Reisepapiere entgegenzunehmen. Während er den Pass inspiziert, pocht mein Herz wie wild. Ich spüre Khalids verzweifelten Blick und erschrecke über den eigenen Mut und meine Willensstärke, unter diese Beziehung endgültig einen Schlussstrich zu ziehen. Eine Sekunde lang schwanke ich, möchte am liebsten zurücklaufen, direkt in seine Arme. Doch die Vernunft mahnt mich sogleich: »Reiß dich zusammen, gleich ist es geschafft – Augen zu und durch.«

Als mir der Beamte den Pass zurückreicht, sehe ich mich noch einmal nach Khalid um. Er steht da wie gelähmt, seine Augen fest auf mich gerichtet. Ich ahne, was ihm durch den Kopf geht. Es schnürt mir die Kehle zu. Den ganzen Flug über weine ich.

Kaum zu Hause in der Schweiz angekommen, läutet das Telefon Sturm. Ich weiß, dass es Khalid ist. Doch mir fehlt die Kraft, mit ihm zu sprechen.

In fünf Wochen wird mein geliebter Khalid seine Cousine, die Tochter des Emirs, die ihm seit seiner frühen Jugend versprochen ist, heiraten. Fairerweise soll an dieser Stelle gesagt sein, dass Khalids familiäre Verpflichtung nicht nur für mich, sondern gleichermaßen für ihn eine Tragödie bedeutet. Während das Telefon weiter klingelt, will Mama partout nicht wahrhaben, dass es mir Ernst ist mit meinem Entschluss, absolut keinen Kontakt mehr zu Khalid aufzunehmen. Denn mit seiner Stimme im Ohr würde ich nie zur Ruhe kommen können.

»Nicht schon wieder, Verena…«, seufzt sie. Und wo sie recht hat, hat sie recht. Tausend Mal hat Khalid einen Weg gesucht und tausend Mal habe ich auf ihn vertraut und gehofft. Am Ende hat er unsere Liebe, wohl aus reiner Verzweiflung, an einem geheimen Ort von einem Imam besiegeln lassen. Dieser Tag hat mich über alle Maßen glücklich gemacht, denn einen größeren Beweis für die Echtheit seiner Liebe hätte Khalid nicht erbringen können. Doch nun lässt sich die Realität nicht länger ausblenden. Seit Wochen schon laufen im Hintergrund die Vorbereitungen zur Hochzeit mit seiner Cousine. Kein Wunder also, wenn sich immer mehr Trauer und Melancholie zwischen uns ausbreitet. Drei Jahre lang ist es Khalid gelungen, die von den Familienoberhäuptern arrangierte Heirat unter dem Vorwand zahlreicher Geschäfts- und Auslandsreisen hinauszuzögern. Doch nun ist alles vorbei. Es ist aussichtslos geworden, länger gegen die Familienbande und Traditionen ankämpfen zu wollen. Wie heißt es so schön: Die Hoffnung stirbt zuletzt.

Am Samstagnachmittag, eine Woche bevor ich Khalid und Dubai für immer verlasse – was mir zu diesem Zeitpunkt allerdings noch nicht bewusst ist –, herrscht drückende Stille um uns. Auf einmal sieht mir Khalid in die Augen und sagt ruhig: »Verena, in meinem Herzen bist *Du* meine Ehefrau, bist *Du* die Liebe meines Lebens, und so wird es immer bleiben – bis in alle Ewigkeit.«

Es ist wirklich schwer, dem etwas entgegenzuhalten. Abgesehen davon, dass ich aus einer Kultur stamme, in der eine Ehe ausschließlich mit »nur« einer Frau eingegangen wird.

Am Freitag, dem muslimischen Sonntag darauf, bin ich für ein paar Stunden allein. Plötzlich spüre ich, wie die Lebensgeister in mir erwachen. Ich kann und will nicht länger *die verbotene Frau* sein! Geschweige denn, Scheich Khalids Zweitfrau. Niemals könnte ich ihn teilen, lieber sterbe ich. Entschlossen, dem Ganzen ein Ende zu bereiten, nehme ich den Kampf mit mir auf. In Gedanken gehe ich unsere Fahrt zum Flughafen durch. Bis dahin werde ich ihm gegenüber kein Sterbenswort über meinen Entschluss verlieren. Zu sehr fürchte ich mich vor einem Streitgespräch, das letztlich nur in Tränen enden würde. Oder schlimmer noch: Khalid brächte es in wenigen Worten fertig, dass ich einknicke und mich umbesinne. Das wollte ich auf gar keinen Fall.

Meine Entscheidung würde ich ihm daher in letzter Sekunde, während des Abschieds bei der Passkontrolle, mitteilen. Dass unsere Trennung den absoluten Verzicht auf jeglichen Kontakt voraussetzt, ist mir ebenso bewusst. Elf Jahre sind eine lange Zeit. Es wird, gelinde gesagt, schmerzhaft werden. Allein schon der Gedanke, Khalid nie wieder zu sehen, versetzt mir einen Stich zwischen die Rippen. Ob und wie ich das durchstehen werde, weiß ich in diesem Moment nicht. Was, wenn Khalid beispielsweise unverhofft in Zürich auftaucht? In der Tat könnte er sich jeden Tag, jeden Moment ins Flugzeug setzen. Doch Khalid wäre nicht Khalid, wenn er übereilt handeln würde.

Mamas Nerven liegen allmählich blank. Das Telefon klingelt fast ohne Unterlass. Seit meiner Rückkehr wohne ich vorläufig bei ihr, sodass sie alles hautnah miterlebt. Am dritten Tag kann sie dem Spiel nicht länger zusehen und nimmt den Telefonhörer ab. Ich flüchte vom Wohnzimmer in den Flur, beobachte sie aber und lausche heimlich mit.

»Oh, Khalid, I'm so sorry for all...«, Mamas Stimme klingt aufgelöst. Khalid spricht offenbar ununterbrochen auf sie ein, denn außer einem gelegentlichen »aha« oder »yees« ist nichts zu vernehmen. Irgendwann ruft sie mich laut bei meinem Namen. Mir verschlägt es kurz den Atem. Ich winke heftig ab. »Du weißt, dass ich nicht ans Telefon gehe. Ich habs dir gesagt, Mama, ich will seine Stimme nie wieder hören«, gebe ich ihr wild gestikulierend zu verstehen.

Völlig konsterniert nimmt sie den Hörer wieder zur Hand, den sie zuvor auf den Tisch gelegt hat, und erklärt Khalid mit ihren bescheidenen Englisch-Kentnissen, dass Verena nicht ans Telefon kommen wolle. Khalid lässt sich offenbar nicht abwimmeln. Er spricht weiter und weiter, bis Mama plötzlich mit weinerlicher Stimme »yes« und wieder »yes« sagt.

»Himmel, das darf nicht wahr sein, welch ein Drama!«, denke ich, als Mama den Hörer erneut beiseite legt. Mit Tränen auf den Wangen stiebt sie an mir vorbei und herrscht mich an, ich solle gefälligst ans Telefon gehen. Khalid werde so lange warten, bis ich mit ihm reden würde. Und mit einem lauten »Päng!« fliegt die Schlafzimmertür hinter ihr zu.

Vor Schreck zucke ich zusammen. Gott, wer legt nun diesen Hörer auf? »Ich jedenfalls nicht«, schießt es mir durch den

Kopf. Ich berühre dieses Ding auf keinen Fall. Khalid könnte meinen Atem, das Geräusch einer Hand, irgendetwas durch die Leitung vernehmen. Obschon ich in circa drei Meter Entfernung stehe, vernehme ich plötzlich Zwischenrufe durch die Muschel. Wie von der Tarantel gestochen eile ich in mein Zimmer und warte mit angehaltenem Atem, was passiert. Meine Empfindung ist ein heilloses Durcheinander. »Bin ich etwa reif für die Klinik?«

Fast sieht es so aus. Doch diese Trennung war ganz klar eine Vernunftentscheidung. Und zugegegeben, manchmal kann ich schon starrköpfig, nahezu besessen von etwas sein. Bis mal ein Entschluss gefasst ist, ringe ich oft lange mit mir. Ist die Entscheidung dann endlich gefällt, gehe ich diesen einmal gewählten Weg konsequent und unbeirrt mit eisernem Durchhaltewillen zu Ende. Umso schwieriger wird es aber, wenn jemand oder etwas versucht, mich davon abzubringen. Was Khalid anbelangt, habe ich echt Sorge, ich könnte allein durch seine Stimme wieder rückfällig werden. Nicht auszudenken, wo das letztlich hinführen würde! Ich, allein in Dubai, versteckt in einem mit allem Luxus versehenen Appartment, wartend und hoffend, dass er sich für ein paar Stunden oder Tage von seiner Familie losreißt, um bei mir, seiner über alles geliebten, aber verbotenen Zweitfrau zu sein. Wohl wissend, dass ich damit – für mein Verständnis – die Scheicha und Tochter des Emirs mit ihrem Ehemann betrügen würde, denn Khalid wollte mich zwar bei sich behalten, durfte es aber eben nie offiziell. Nein, das geht gar nicht. Ich würde dabei zugrunde gehen.

Nach etwa einer Viertelstunde nehme ich allen Mut zusammen. Ich schleiche auf leisen Sohlen durchs Wohnzimmer und lege den Telefonhörer rasch auf die Ladestation zurück. Geräusche von Khalid höre ich dabei nicht. Aber ich hätte ihm durchaus zugetraut, fünfzehn Minuten lang in der Leitung zu warten.

Nach diesem Zwischenspiel wundert es niemand, dass Khalid definitiv verstummt. Zwar nicht für ewig, sonst gäbe es dieses Buch nicht, aber immerhin für fünf Jahre. Eigentlich hätte ich nicht gedacht, jemals wieder von ihm zu hören. Es hat mich unendlich viel Kraft und Willensstärke gekostet, nach unserer derart leidenschaftlichen Liebe ein Leben ohne ihn zu beschließen. Irgendwo, im tiefsten Inneren, brodelt es immer noch wie in einem schlafenden Vulkan.

Das war mir in dieser Deutlichkeit gar nicht bewusst gewesen. Erst als mir Mama eines Tages, im Sommer 1995, aufgeregt mitteilt, Khalid hätte bei ihr angerufen und nach mir gefragt, schießt mir ein Stich der Freude durchs Herz. Einerseits wünsche auf der Stelle, ich besäße Ohrenklappen. Andererseits hätte ich am liebsten jedes einzelne Wort wie mit einem Strohhalm in mich aufgesogen.

Damals hat Khalid damit begonnen, Mama ein- bis zweimal im Jahr anzurufen. Auffällig ist dabei, dass er wie von Stolz erfüllt jedes neugeborene Kind bei ihr anmeldet. Kurz vor Weihnachten 2004 war es das fünfte Kind, das seine Frau zur Welt gebracht hatte. Auch wenn diese Geburtsanzeigen jedes Mal ein bisschen schmerzen, so freue ich mich doch sehr, dass es Khalid gut geht und er bei bester Gesundheit ist. Er seinerseits möchte sich offenbar immer wieder vergewissern, dass ich wirklich glücklich bin. Und ja, das bin ich. Seit 1995, dem Jahr, als sich Khalid (zufällig?) zum ersten Mal wieder gemeldet hat, bin ich verheiratet und überglücklich. Mein Mann Franz hat meinem Leben wieder Sinn gegeben und nebenbei viele spannende, bisher unentdeckte Seiten und Talente an mir hervorgebracht. In Anbetracht dessen, dass ich aus islamischer Sicht und damit nach Khalids Wertvorstellungen in den ehrbaren Stand einer verheirateten Frau eingetreten bin, habe ich mich damals besonders darüber gefreut, dass Mama ihm diese Botschaft übermitteln konnte.

Allmählich häufen sich Khalids Telefonate. Seit einiger Zeit ruft er auch um Weihnachten oder um meinen Geburtstag herum an. Manchmal auch mitten im Sommer oder, wie neulich, im Oktober. Ich befinde mich gerade mit meinem Mann auf einer Südafrikareise, als Mama mir die »edle Botschaft« aus Dubai übermittelt. Genauer gesagt, erreicht mich Khalids äußerst großzügiges Angebot im »Palace of the Lost City« in der nordwestlichen Provinz: Jetzt, wo wir beide verheiratet seien – offiziell –, könnte ich doch in seinem Hause vor aller Augen willkommen sein. Im Beisein meines Ehemannes, versteht sich.

»Aber Mama!«, rufe ich empört.

Nichts als Trotz und Unmut steigen in mir hoch, als ich das Frohlocken ihrer Stimme vernehme. So viele Jahre hat es gedauert, bis ich Distanz zu meiner Vergangenheit gewinnen konnte. Fast scheint mir nun, dass Khalid erneut, auf anderer Ebene, versucht, Nähe herzustellen. Wie romantisch, wenn dem so wäre. Da kommen mir doch gleich gewisse britische Royals in den Sinn. Dass ich mittlerweile bald einundfünfzig Lenze auf dem Buckel trage, interessiert Khalid offenbar nicht. Was Liebe alles vermag. Wunderschön, ja, fast zum Weinen. Dabei merke ich aber auch, sobald ich Khalid näher an mich heranlasse, fängt mein Vulkan unwillkürlich an zu brodeln: Entweder aus Wut und Ohnmacht oder aus tiefster Freude, Glückseligkeit, Jubel und Dankbarkeit.

Eines Tages betreue ich den Reisebürostand meines damaligen Arbeitgebers auf einer Gewerbemesse. Es ist Sonntag, zahlreiche Besucher, ja ganze Familien mit Kindern auf Rollerblades schlängeln sich zwischen Gängen und Ständen hindurch. Überall, wo es etwas umsonst gibt, herrscht Andrang. An meinem Stand ist es relativ ruhig. Plötzlich läutet mein Handy. »Das ist Franz«, denke ich und werfe einen flüchtigen Blick aufs Display. Dabei hätte ich das Ding beinahe fallen lassen: 00971, die Vorwahl der Vereinigten Arabischen Emirate. Diese fünfstellige Zahl reicht bereits aus, um mir einen gewaltigen Schrecken einzujagen. Das kann nur Khalid sein. Natürlich, jetzt erinnere ich mich, das ist seine Nummer!

Wie eine heiße Kartoffel lasse das Mobile flach auf die Bartheke fallen und sehe verwundert zu, wie es blinkt und immer weiter läutet und läutet. Es ist klar, woher Khalid meine Nummer hat. Am liebsten hätte ich meine Mutter verwünscht, wie konnte sie mir das bloß antun. Zumindest hätte sie mich vorwarnen können.

Die beiden telefonieren offenbar immer öfter, wobei die Gespräche, wie mir nicht entgangen ist, stets vertrauter werden. Ich versuche, möglichst wenig davon an mich heranzulassen.

Nach einer kurzen Pause ruft Khalid erneut an. Wenn das nur bald aufhört, denke ich. Beim nächsten Klingeln ist es mein Mann: »Schatzi, eben hat ein Englisch sprechender Mann bei uns angerufen und nach dir gefragt.«

»Ach? Wirklich...« Nun muss ich doch ein bisschen schmunzeln. Khalid beweist echt Hartnäckigkeit.

»Und, was hast du dem Mann entgegnet? Es war übrigens Khalid, Mama muss ihm meine Nummern ausgehändigt haben. Er hat schon bei mir angerufen.«

»Aha. Na, ich sagte, she is not in the house.«

Innerlich zerreißt es mich vor Lachen über die Vorstellung, wie die Männer miteinander kommuniziert haben. Franz spricht, nebst Französich, nur einige wenige Broken Englisch, hat sich aber offenbar gut gemausert. Ich bin stolz auf ihn.

»Khalid, Khalid«, denke ich, »wenn du bloß wüsstest, wie sehr ich mich noch immer davor fürchte, deine dunkle, aufreizende Stimme zu hören …«

*

Bangkok, 2006. Die untergehende Sonne taucht die Stadt in ein goldenes Licht. Fast gleichzeitig senkt sich die schwüle Luft wie eine schwere Glocke über den Chao Praia Fluss, die angrenzenden Hotelterrassen und meinen Kopf. Schlimmer noch als in Dubai. Ich konnte diese Feuchtigkeit nie ausstehen. Allein schon meiner Haare wegen, die sich bei dieser Wetterlage jeweils zu einer wilden, störrischen Lockenpracht aufblasen. Schließlich halte ich die Feuchtigkeit auf der Veranda nicht länger aus. Unter dem Glas meines Litschicocktails sammelt sich bereits das Wasser.

»Franz, lass uns das Essen drinnen im Hotel nehmen, ja?«

»Schatzi, du hast die Haare so schön …«

Ach, wie ich diesen Satz hasse. Schon als Kind und junges Mädchen litt ich unter meinen manchmal nicht zu bändigenden Haaren.

Mein Mann ist gerade dabei, die Rechnung unserer Drinks zu begleichen, als ich aus der Handtasche einen Klingelton vernehme. Soll ich, soll ich nicht?

»Halloo …, ja Mama, es geht uns gut, Bangkok ist eine faszinierende Stadt, das Oriental Hotel ein Traum! Heute sind wir Tuk Tuk gefahren und haben die Tempelanlage des Königspalastes … Aha …, ja …, neiin, wirklich? Ist das wahr?«

»Ja, wir sind uns ganz sicher, *er* war es!«
Mein Mann sieht mich fragend bis gelangweilt über seine Brillengläser an.
»Khalid ist im Fernsehen ...«, sage ich nur.
»Also, pass auf, Mama, in zwei Tagen sind wir ja wieder zu Hause, dann kannst du mir ausführlich berichten, o.k.?«
Zu Hause in der Schweiz herrschte offenbar große Aufregung. Dagmar, meine jüngste Schwester, wie auch Mama hatten am Abend zuvor – jede für sich allein – in einer Nachrichtensendung Scheich Khalid erkannt. Und als die beiden heute die Tageszeitungen aufschlugen, fanden sie darin einen Artikel samt Fotos von Khalid. Das musste natürlich sofort nach Bangkok gemeldet werden.

Dass Khalid in Sachen Bauvorhaben, der Erschließung von Ressourcen und insbesondere den damit verbunden Auslandsreisen im Blickfeld des öffentlichen Interesses steht, löst einiges an Emotionen in mir aus. Erst recht, als ich den betreffenden Artikel wenige Tage später zu Gesicht bekomme und mir Khalid auf dem Foto in der Zeitung entgegenlächelt.

Mit einem Mal überkommt mich das starke Bedürfnis, ihm diese Freude mitzuteilen. Ganz abgesehen davon, dass es allmählich an der Zeit wäre, endlich ein Lebenszeichen von mir zu geben. Und da ich ja nun über Netzwerk und Namen seiner Firmen Bescheid weiß, ist es für mich ein Leichtes, ihn via E-Mail zu kontaktieren. Ich hätte auch eine SMS senden oder ihn anrufen können. Doch dazu fehlt mir der Mut. Am 19. Januar 2006 – nach sechzehn Jahren des Stillschweigens – schreibe ich ihm endlich eine kurze E-Mail:

Lieber Khalid!
Es freut mich so sehr zu wissen, dass Du bei guter Gesundheit bist und dass Du so erfolgreich geworden bist – sogar hier in Europa!
Lieben Gruß, auch von Mama, Lilian und Dagi,
Verena

Die darauffolgenden Tage und Wochen verstreichen, ohne dass eine Rückmeldung eintrifft. Ich bin mir nicht sicher, ob Khalid beleidigt ist, weil ich seine Anrufe stets ignoriert habe, oder ob meine Mail eventuell gar nicht bis zu ihm persönlich durchgekommen ist. Letzteres wäre natürlich unsäglich schade.

Da ich die Zeitbegriffe und Gepflogenheiten der Wüstenbewohner aber nur allzu gut kenne, gebe ich die Hoffnung, eines Tages ein Zeichen zu bekommen, noch nicht auf.

Und tatsächlich: Gerade als ich es wirklich nicht erwartet hätte, trifft Khalids Mail ein! Nach fast vier Wochen des Rätselns...

12. Februar 2006
Hallo Verena!
Es ist einfach wundervoll und eine große Überraschung für mich, eine E-Mail von Dir zu bekommen. Wie geht es Dir? Und wie geht es Deiner Familie? Was machen Deine Mama, Lilian und Dagi? Ich hoffe, es geht allen gut ☺!! Ich möchte Dir wirklich von ganzem Herzen für Deine Mail danken. Das war so lieb von Dir.
Vor langer Zeit habe ich einmal versucht, Dich anzurufen, leider erfolglos. Dann habe ich Deine Mutter gesprochen und sie gab mir Deine Mobilnummer. Also habe ich es auf Deinem Handy

versucht, aber auch da keine Antwort bekommen! Jetzt habe ich fünf Kinder und nächste Woche erwarten wir das sechste Baby. Während der letzten zwei Jahre war ich verschiedene Male in Zürich. Allerdings immer nur für sehr kurze Zeit. Ich habe oft im Internet nach Dir gesucht, unter Deinem Mädchennamen, doch da war nichts zu finden. Ach, wie schön es ist, von Dir zu hören!!! Übrigens, wie findest Du mein Englisch? Klingt besser als zu unserer Studienzeit in England – nicht wahr? ☺
Also, ich hoffe, ganz bald wieder von Dir zu hören und schicke meine besten Grüße an Deine ganze Familie.

Khalid

Ich spüre nichts anderes als pure Freude aus Khalids Worten heraus – was meiner Seele unheimlich guttut. Denn was gibt es Schöneres im Leben, als zu wissen, dass man nie vergessen wurde?

Mittwoch, 1. März 2006
Hallo Khalid!
Ich habe mich ebenso über Deine Mail, die mich übrigens zum Schmunzeln gebracht hat, gefreut. Ja, sicher!! Dein Englisch ist exzellent und klingt sehr süß ☺*! Nun, ich bin wirklich froh und glücklich darüber, dass es Dir gut geht. Es war übrigens meine Schwester Dagi, die Dich als Erste im Fernsehen erkannt hat. Sie rief sofort Mama an, damit sie die Wiederholungssendung anschauen konnte. Danach hat sich bestätigt, dass es sich tatsächlich um Dich handelte! Als ich die Neuigkeit erfuhr, weilte ich gerade in Bangkok. Ich reise sehr oft. Mal mit meinem Mann, um ihn auf Geschäftsreise zu begleiten, oder im Rahmen*

einer Studienfahrt im Auftag meines Arbeitgebers, einem Reiseveranstalter. An 9/11 war ich zufällig in Dubai, wie auch verschiedene andere Male während der letzten zwei Jahre. Jedes Mal bin ich ein wenig enttäuscht, unser altes Dubai von damals nicht mehr zu finden. Trotzdem zieht es mich immer wieder hin. Ich hoffe, Du kannst mein Englisch verstehen ...? Vermutlich ist es ziemlich wackelig, nicht wahr ☺?
Zum Schluss gratulieren wir Dir alle zu Deinem sechsten Baby, das hoffentlich gesund, munter und wohlauf ist, sowie auch Deine ganze Familie.
Wir alle würden uns sehr freuen, wieder einmal von Dir zu hören.
Bis dann – liebe Grüße aus der Schweiz,
Verena

Donnerstag, 2. März 2006
Hallo Verena!
Es ist immer wieder schön, von Dir zu hören. Ich bin so froh, dass es Deiner Mama und Deinen Schwestern gut geht. Dein Englisch ist perfekt und ich kann alles, was Du sagst, sehr gut verstehen. Wie ich Deiner Mail entnehme, warst Du die letzten zwei Jahre mehrmals in Dubai. Ich gehe einig mit Dir, Dubai ist zum reinsten Großstadt-Dschungel geworden und ich liebe die Stadt auch nicht mehr so wie früher. Wann immer möglich, fahren wir in die Wüste hinaus zu den Wadis oder nach Al Waha. Bitte versprich mir, wann immer Du oder Deine Familie – oder auch Freunde, nach Dubai kommen, mich vorher anzurufen, damit ich Dich/Euch in meine Obhut nehmen kann.
Mit lieben Grüßen und besten Wünschen, auch an Deine Mama,
Khalid

Samstag, 4. März 2006
Khalid! Ganz, ganz lieben Dank für Dein Angebot und Deine Gastfreundschaft. Das ist wirklich lieb von Dir ... und das alles nach so vielen Jahren, die inzwischen vergangen sind.
Ganz liebe Grüße von uns ALLEN – bis zum nächsten Mal,
Verena

Donnerstag, 16. März 2006
Hi Verena!
Es ist einfach toll, dass wir nach sechzehn Jahren wieder in Kontakt gekommen sind. Ich kann dieses Glück noch gar nicht so richtig fassen ...
Weißt Du was? Darf ich Dich etwas Persönliches fragen? Du brauchst darauf nicht zu antworten, wenn Du nicht magst, o.k.?
Ich habe so viele Male versucht, Dich telefonisch zu erreichen. Ich habe mit Deiner Mutter gesprochen, die mir Deine Handynummer gegeben hat ... WARUM wolltest Du damals nicht mit mir reden? Nach allem, was passiert ist, was wir gemeinsam erlebt und durchgemacht hatten ... nachdem wir doch Freunde sind und wunderschöne Erinnerungen in uns tragen?
Pass auf Dich auf, ich hoffe, bald von Dir zu hören.
Khalid

Als ich diese Zeilen lese, werde ich ganz traurig. Es muss Khalid einiges an Überwindung und Mut gekostet haben, mir diese Frage so direkt zu stellen. Erst jetzt wird mir bewusst, was es ihm bedeutet, mich niemals aus den Augen verlieren zu wollen. Dabei war ich nach unserer Trennung stets der Meinung, wenn Khalid wirklich gewollt hätte, hätte er gekämpft, hätte bei den Familienoberhäuptern unsere Liebe durchgesetzt. Meine Schlussfolgerung war daher ganz einfach: »Khalids Liebe war nicht stark genug.« Punkt.

Nun scheint vielleicht doch nicht alles so gewesen zu sein, wie es für mich ausgesehen hat.

Donnerstag, 16. März 2006
Hi Khalid!
Ich habe mich sehr über Deine liebe Mail gefreut. Danke auch für Dein Vertrauen. Nun möchtest Du also wissen, weshalb ich Dich all die Jahre über nie sprechen wollte? Es ist ganz einfach zu erklären. Ich habe Zeit, Zeit, Zeit und nochmals Zeit gebraucht, um zu vergessen. Selbst nach sechzehn Jahren hatte ich noch Angst davor, Deine Stimme zu hören... Tut mir leid... In Tat und Wahrheit hat es mich stets glücklich gemacht, wenn Mama von den Telefongesprächen mit Dir erzählt hat. Ich hoffe, Du kannst das alles verstehen? Deine nächste Frage kenne ich bereits... ☺ Bitte, frage mich nicht!!!!
Liebe Grüße,
Verena

Samstag, 18. März 2006
Hello Verena!
Ich verstehe, was Du mir sagen willst und Du brauchst nichts weiter zu erklären... Ich danke Dir einfach für alles. Und ich danke Dir für die allerbesten und glücklichsten Tage meines Lebens. Keine Angst, ich habe keine weiteren Fragen mehr! Bitte bleibe in Verbindung mit mir – liebe Grüße,
Khalid

Wenn er wüsste, welch ein Chaos seine Worte gerade ausgelöst haben. Ich muss mich sehr beherrschen, meine Emotionen im Zaum zu halten. Ist es denn fassbar – Khalids allerbeste und glücklichste Tage in seinem Leben sollen jene an meiner Seite gewesen sein? Welch grausame Spiele doch das Schicksal manchmal so spielt. Und wohin Irrtümer und Missverständnisse, die sich aufgrund der Sprache und kultureller Unterschiede ergeben haben, führen können. Das kannte ich zwar alles schon, schließlich habe ich alles zur Genüge selbst erfahren. Und dennoch, ich hätte wirklich nie gedacht, dass die Tage mit mir die allerglücklichsten in Khalids Leben waren. Unfassbar. Da bleibt Frau mit gebrochenem Herzen zurück und geht beinahe daran zugrunde, dass sich ihre Liebe beziehungsweise der Traum einer Hochzeit und damit eines gemeinsamen Lebens nicht erfüllt hat. Dann, sechzehn Jahre später, dieses wunderbare, alles durcheinanderbringende Geständnis...

Ich muss mich zur Vernunft zwingen, um nicht den Boden unter meinen Füßen zu verlieren. Schließlich sind viele Jahre vergangen und wir leben beide in festen Beziehungen.

Mittwoch, 22. März 2006
Hallo Khalid!
Ich muss Dir sagen, dass mich Deine letzte Mail zutiefst berührt hat. Deine Worte haben mein Leben zum Besseren verändert...
Alles Liebe,
Verena

Donnerstag, 23. März 2006
Hi Verena!
Wie geht es Dir, meine Liebste? Danke für Deine E-Mail...
Im Moment bin ich geschäftlich unterwegs. Ich melde mich
aber nochmals, sobald ich im Office zurück bin.
Bis gleich,
Khalid

Donnerstag, 23. März 2006
Ich bin wieder zurück ... Weißt Du, im Moment läuft hier sehr
vieles und ich bin wirklich im Stress. Trotzdem begleitet mich
die ganze Zeit etwas, was ich Dir schon immer sagen wollte. Ich
schulde Dir etwas, Verena ... Vielleicht hat sich unser Leben zu
sehr verändert und wir beide haben uns auch sehr verändert,
aber ich muss es Dir einfach sagen! Möglich, dass meine Worte
ein Lächeln auf Dein wunderhübsches Gesicht zaubern oder
Du auch Schmerz verspüren wirst ... Ich weiß es nicht. Ich weiß
nur eines, ich muss es Dir sagen, und zwar jetzt. Ich sage Dir
das, weil ich es Dir schulde, verstehst Du? Es stehen keinerlei
andere Absichten dahinter.
Pass auf! Du bist die erste Frau in meinem Leben, in die ich
mich verliebt habe – aber auch die Letzte. Ich habe nie in
meinem Leben für eine Frau solche Gefühle gehabt wie für
Dich. Weil ich kein anderes Mädchen vor Dir geliebt habe, und
als wir zusammen waren, während unserer Anfangszeit, da
habe ich nie versucht, mich vor den Gefühlen zu Dir zu schützen ... Ich meine damit, meine Liebe zu Dir war so offen und so
frei, ich ließ Dich tief in mein Herz und meine Seele hinein, so
tief, bis Du ein Teil von mir wurdest. Doch dann, als ich das
erste Mal nach Zürich kam, um Dich zu sehen, hattest Du mich

so traurig gemacht und ich konnte das damals gar nicht verstehen, warum... Von diesem Tag an habe ich dafür gesorgt, dass ich mich nie, nie wieder jemals so verliebe wie in Dich.

Als wir uns dann fünf Jahre später in Dubai wieder getroffen haben, war ich sehr gereift und hatte meine Gefühle unter Kontrolle... aber mit Dir war es immer noch schwer. Bis zu diesem Moment warst Du immer noch meine wahre, reine und einzige Liebe... Meine Liebe zu Dir hat nahezu alles in meinem Leben zum Besseren gewendet.

Nun, Verena, große Liebe, ich danke Dir für alles Glück und die ganze Traurigkeit, die Du mir geschenkt hast. Verzeih mir, wenn ich manchmal dumm und unerwachsen gehandelt oder Deine Gefühle verletzt habe.

Um es noch einmal klarzustellen: Ich habe Dir das alles erzählt, weil ich es Dir schuldig war – nicht aber, weil ich Dich sehen, treffen oder sonst was möchte... Nein. Es war einfach etwas, was tief in meinem Innersten wühlte und was ich Dir unbedingt sagen musste. Das ist alles...

Wir beide wissen, dass wir verheiratet sind und respektieren das voneinander... Wenn Du mir also, nach all dem Gesagten, nicht mehr schreiben möchtest, dann werde ich auch das respektieren... Denn ich habe Dir ja bereits gesagt, was ich Dir all die Jahre über sagen wollte. Und wenn ich jetzt sterbe, dann als glücklicher Mann.

Khalid

Kaum lese ich Khalids letzte Zeilen, fühle ich heiß die Tränen in mir aufsteigen. Ich bin zutiefst erschüttert. Mir fehlen schlicht die Worte, meine Empfindungen zu beschreiben.

Am darauffolgenden Samstag, zwei Tage nach Khalids Mail,

erwache ich aus der Starre. Während mein Mann an diesem Morgen noch kurz ins Büro fährt, um etwas zu erledigen, schreibe ich Khalid eine Mail. Selbstverständlich hätte ich das auch während seiner Anwesenheit erledigen können. Franz hat absolut kein Problem damit, wenn hin und wieder eine Nachricht aus meiner alten Heimat Dubai eintrifft. Er weiß, wie sehr ich mit diesem Land und all den wunderbaren Erinnerungen daran verbunden bin.

Und da wir uns den Computer des Öfteren teilen, hat er auch schon mal eine Mail von Khalid zu Gesicht bekommen. Nicht jedoch die letzte – al Hamdullillah! Das hätte bestimmt geschmerzt. Genauso sehr, wie es auch Khalids Ehefrau, die Scheicha und Mutter seiner Kinder verletzt hätte.

Nach Erscheinen meines ersten Buches gab es Stimmen, die sagten: »Warum diese Geheimniskrämerei um den Scheich?! Ist es nicht üblich, dass sich Wüstensöhne in ihrer Jugend verlieben oder sich mit Mädchen vergnügen? So was kümmert doch keine zukünftige, auserwählte Ehefrau.«

Dem stimme ich grundsätzlich zu. Ob das im einzelnen Fall zutrifft, sei dahingestellt. Wenn ein Scheich aber sein Herz für immer an eine andere Frau verschenkt, ist das etwas ganz anderes. Heiratet er diese Frau auch noch, während die Vorbereitungen zu seiner offiziellen Hochzeit in vollem Gange sind, ist das schon ein starkes Stück. Jede Frau würde sich da von ihrem zukünftigen Ehemann verraten fühlen. (So etwas passiert leider oft, wenn Ehen von Familienoberhäuptern arrangiert werden.) Und wenn die Ehefrau erst noch die heimlichen Liebesmails zu Gesicht bekommen würde, nachdem sie ihrem Mann breits fünf Kinder geschenkt hat, würde jeder Frau der Kragen platzen. Sie würde ihren Mann vermutlich vor die Tür setzen. Vor dem Hintergrund kultureller Verpflichtung und familiärer Bande innerhalb der Herrscherfamilien und Stammesoberhäupter wäre das ein Affront sondersgleichen.

Nun, ich werde Khalid bitten müssen, keine Mails mehr zu schicken, die mein Mann vom Inhalt her nicht auch sehen darf. Das wird ein bisschen schwierig werden, aber im Grunde ist alles gesagt, was gesagt werden musste. Mehr wäre für beide Seiten nicht gut. Es würden damit ständig alte Erinnerungen und Gefühle aufgeschaukelt, was uns allen nicht guttun würde – sagt meine Vernunft.

Samstag, 25. März 2006
Lieber Khalid!
Zwei Tage lang war ich erschüttert und erstarrt ... Inzwischen habe ich mich wieder etwas gefangen. (Das Leben geht weiter!) Mit Deinen Worten hast Du mich so sehr zu Tränen gerührt, ich konnte nichts als Schmerz und Traurigkeit empfinden. Du weißt gar nicht, was Du da ausgelöst hast in mir ... Aber schlussendlich haben Deine Zeilen bewirkt, dass sich mein Leben mit einem Schlag zum Besseren verändert hat. Ich bin unendlich glücklich und zugleich traurig. (Wahrscheinlich wird das auch immer so bleiben ...) Ich möchte, dass Du das weißt. Denn nach so viel Ehrlichkeit und Offenlegung Deiner Gefühle (was Dich sicher einiges an Mut und Überwindung gekostet hat), schulde auch ich Dir bedingungslose Ehrlichkeit. Wie schade nur, dass uns das früher nicht gelungen ist. Es hätte aber wohl trotzdem nichts an der Tatsache geändert, dass Dir seit Deiner frühen Jugend – damals, als wir so sehr ineinander verliebt waren – bereits ein Mädchen zur Frau versprochen war. Ein Mädchen, das zugleich Deine Cousine und die Tochter des Emirs war – und das einmal die Mutter Deiner Kinder werden

sollte. So eben, wie es der herkömmlichen Tradition Deiner Kultur entspricht. Natürlich wolltest Du mir diesen Umstand der Dinge nicht gerade »auf die Nase binden«. Kann ich auch verstehen, schließlich waren wir ja Teenager! Für uns zählte das Hier und Jetzt – das Morgen würde von alleine kommen. Aber eines begreife ich noch heute nicht so recht... Weshalb nur hast Du mir Deine wahre Herkunft über so viele Jahre hinweg verschwiegen? (Fand ich nicht ganz so fair...) Aber vermutlich waren Dir das Ausmaß und die Folgen dieses »Vertuschens« gar nicht so recht bewusst. Später dann war es schon sehr schwierig... Hätte ich von Beginn an gewusst, dass Du einer der sieben Herrscherfamilien Deines Landes entstammst, wäre mir ziemlich sicher klar gewesen, dass es für uns beide keine Zukunft gibt. So aber habe auch ich Dich tief, tief, tief in mein Herz und meine Seele hineingelassen... bis Du ein Teil von mir warst. Ich habe Dich geliebt wie nie zuvor jemand anderen.

Zu wissen, dass es Dir gleich erging, ist wie Balsam für meine Seele... Ich danke Dir von ganzem Herzen für Deine Ehrlichkeit und Offenheit. Du hast mir die allerglücklichsten, schönsten und zugleich die traurigsten Momente meines Lebens geschenkt – so viel sei gesagt. Nur eines wollte ich nie: Dich traurig machen oder verletzen.

Deiner Mail entnehme ich jedoch Folgendes: »Doch dann, als ich das erste Mal nach Zürich kam, um Dich zu sehen, hattest Du mich so traurig gemacht und ich konnte das damals gar nicht verstehen, warum... Von diesem Tag an habe ich dafür gesorgt, dass ich mich nie, nie wieder jemals so verliebe wie in Dich.«

Pass auf Khalid, nun kommt etwas, das ausschließlich mit dem Unterschied unserer beiden Kulturen zu tun hat. In der Wüste herrschen nun mal ganz andere Zeitbegriffe und Wertvorstellungen als bei uns. Also, wie soll ich es erklären – ich habe fast zwei Jahre lang (geschlagene zwei Jahre!) auf Dich gewartet. Ich habe den Tag, an dem wir uns endlich wiedersehen und in die Arme schließen konnten, so sehr herbeigesehnt, dass ich fast krank wurde dabei. Zwei Jahre mögen für Dich nichts sein, für mich bedeuteten sie eine Ewigkeit!! Was ich sagen will:Ich hatte die Hoffnung schlichtweg aufgegeben, Dich jemals wiederzusehen. Insbesondere seit dem Tag, an dem Du mir geschrieben hattest (als wäre es das Normalste der Welt, versteht sich…!): »Ich, Khalid, gehe jetzt für sieben Jahre in die USA, um Atomphysik zu studieren.« Dabei hast Du mit keinem Wort erwähnt, ob und wann wir uns jemals wiedersehen würden. Geschweige denn, dass Dir das Herz vor Sehnsucht bricht und Du unser Getrenntsein nicht mehr länger erträgst. Nichts von all dem.

Umso verwunderter war ich, als die Briefe von Dir, fast so regelmäßig und oft wie schon von Dubai, aus den USA eintrafen. (Gott, o Gott, welche Missverständnisse und Irrtümer!) Ja. Und als Du dann – wohlgemerkt ohne Vorankündigung – zwei Jahre nach unserer Schulzeit in England plötzlich in Zürich standest, war ich gelinde gesagt schon etwas überrascht. Ich konnte meine Gefühle, anders als bei einem Lichtschalter, nicht einfach so umkippen. (Bitte versteh das, ich dachte, ich würde Dich niemals wiedersehen, Khalid!!)

Als ich dann aber gespürt habe, dass Dein Zwischenstopp in Zürich (USA-Dubai) nicht bloß dem Zweck eines unverbindlichen Besuches galt, brauchte ich erst etwas Zeit, um zu begreifen… Doch dann war alles schon zu spät… Du hast mir den Riesenstapel an Liebesbriefen, der fast Deinen Koffer füllte, mit Tränen in den Augen vor die Füße geworfen… Du warst so verletzt und traurig, dass Du nur noch eines wolltest – schnell nach Hause, nach Dubai fliegen.

Verzeih mir, Khalid, wenn ich Dir damals wehgetan habe, ich habe das so nie gewollt. Bleibt zu hoffen, dass Dich die Erinnerung an den Schmerz von nun an nie mehr wieder traurig macht...o.k.? Du warst, bist und bleibst für alle Ewigkeit in meinem Herzen. Das ist auch der Grund, weshalb ich mich so sehr davor fürchtete (selbst nach sechzehn Jahren...!!), Deine Stimme am Telefon zu hören...
Zum Schluss muss ich Dich noch um etwas bitten, Khalid... Lass uns wieder wie Freunde schreiben, denn mein Mann könnte Deine Mails sehen... Er hat aber absolut kein Problem damit, wenn hin und wieder eine Nachricht aus meiner geliebten alten Heimat eintrifft.
Und nun noch etwas ganz Wichtiges. Pass auf! Wann immer Du nach Zürich kommst, wir ALLE würden uns riesig freuen, Dich wieder zu sehen und Deine Familie kennenzulernen.
Verena

Damit hatte ich selbstverständlich etwas hoch gepokert. In Tat und Wahrheit würde ich mich höchstwahrscheinlich auf und davon flüchten, wenn Khalid mich sehen wollte. »Lieber Gott, behüte mich, dass es nicht so weit kommt!«

Donnerstag, 6. April 2006
Hallo Verena!
Es ist immer wieder schön, von Dir zu hören und über alte Zeiten zu plaudern. Die nächsten paar Monate werden sehr anstrengend sein für mich! Wir beginnen mit mehreren großen Bauprojekten in den UAE. Zwei in Dubai und eines in Abu Dhabi. Es wird daher während der Monate April und Mai

nicht möglich sein, das Land zu verlassen. Außer für einen kurzen Sprung vielleicht... Urlaub mit der Familie habe ich übrigens für Juli/August eingeplant. In der Regel verbringen wir diese Ferientage in Paris. Auf jeden Fall aber werden wir durch Europa reisen und wer weiß – vielleicht ergibt sich ein Abstecher nach Zürich... Sollten wir Zürich besuchen, werde ich es Dich rechtzeitig wissen lassen. Es würde mich natürlich sehr, sehr freuen, Dich und Deine Familie wieder zu sehen.
Herzlichst und bis bald,
Khalid

Himmel, ich spüre förmlich, wie sich Khalid auf den Weg nach Zürich macht. Für einen kurzen Sprung nur. So viel habe ich verstanden. Möglicherweise irre ich mich auch. Tatsache ist, dass mir allein schon die Vorstellung Kopfzerbrechen bereitet. In Gedanken gehe ich immer wieder den Kleiderschrank durch, überlege, wie ich die Haare schön mache, womit ich Khalid unterhalten und was ich mit ihm unternehmen könnte. Ob er wohl allein oder mit einer ganzen Entourage anreist? Sicherheitshalber bitte ich Lilli und Dagi, meine Schwestern, sie sollen sich schon mal wappnen. Es könnte demnächst der Ernstfall eintreten, bei dem sie zum Einsatz kämen. Mamas Kommentar dazu: »Du machst dir viel zu viele Gedanken, es kommt sowieso alles anders, als du denkst.« Ob sie wohl recht behält?

Meine jüngste Schwester Dagi freut sich wirklich, Khalid wiederzusehen. Sie hat absolut kein Problem damit, ihm nach sechzehn Jahren wieder zu begegnen. Im Gegenteil, sie findet das alles ungemein spannend. (In jener Hinsicht ist sie Mama sehr ähnlich.) Lilli scheint hier doch etwas zögernder zu sein.

Sie ist die mittlere von uns dreien. Für gewöhnlich ist sie sehr mitteilungsbedürftig. Mit ihrem übertriebenen Hang zur Dramatik bringt sie stets alle und alles zum Lachen. Aber in Khalids Nähe ist sie gehemmt und errötet auch schon mal. Das heißt, nur so lange, bis sie ein Gläschen vor sich und damit ihre Scheu dem Wüstensohn gegenüber abgelegt hat. Danach kann sie so sehr in Fahrt kommen, scherzen und lachen, bis Khalid gar nicht mehr genug davon bekommt. Für ihn ist Lilian wie eine Schwester. Ich glaube, sie hat einen ganz besondern Platz in seinem Herzen. Wie auch immer. Meine Schwestern wären bereit, mich im Ernstfall zu unterstützen.

Der letzten Mail zufolge hat Khalid außerdem verstanden, dass die Art unseres Kontakts von nun an nur noch freundschaftlicher Natur sein soll. Das ist ihm bestimmt sehr schwergefallen. Selbst für mich ist es nicht ganz leicht. Dennoch möchte ich meinen Mann keinesfalls verletzen. Das hätte er auch gar nicht verdient. Auch wenn unsere Ehe manchmal alles andere als einfach ist.

Am Samstagmorgen, zwei Tage nach Khalids Mail, bekomme ich eine SMS von ihm:

Hi Verena,
ich wollte mich nur erkundigen, wie es Dir geht. Wie geht es Dir, mein Schatz?

Für einen Moment verschlägt es mir den Atem. Meine Finger zittern, als ich in Windeseile die Buchstaben eintippe:

*Hi Khalid,
es geht mir immer gut, wenn ich von Dir höre...*

He, ich bin in Zürich!!

Khalid, Du machst Witze mit mir...?

Nein, ich bin heute früh um 06.00 h in Zürich-Kloten gelandet...

Mich trifft, gelinde gesagt, der Schlag. Wie konnte ich es auch anders erwarten. Bereits vor zwanzig Jahren tauchte er jedes Mal, wie ein Wüstensturm, aus dem Nichts auf. Mein erster Gedanke: Ich muss schnell Lilli, Dagi und Mama anrufen. Nein, halt! Beruhige dich erst einmal.

Wo bist Du jetzt gerade?

Im Savoy Hotel... Ich sehe direkt auf die Bahnhofstraße...

»Fraanz«, rufe ich Hilfe suchend die Treppe hinunter, »Khalid ist in Zürich.«
Mein Mann liegt im Wohnzimmer auf dem Sofa, schon fast wieder eingenickt. Er reagiert nicht. Für gewöhnlich steht er morgens sehr früh auf. So zwischen 05.00 und 06.00 Uhr. Sobald er das Auto der Zeitungsausträgerin hört, hält ihn nichts mehr im Bett. Zuerst studiert er den Sportteil der Zeitung, danach sämtliche Headlines. Dabei hört er manchmal klassische Musik, manchmal schaltet er auch den Fernseher ein und sieht sich auf dem Teleclub Golfturniere aus Amerika an. Tiger Woods und Co. Genau, das ist es! Ich würde Khalid

gegebenenfalls mitteilen, dass ich nicht vor heute Abend ins Savoy kommen könne, da ich mit meinem Mann unterwegs zu einem Golfturnier sei.

Khalid, ich kann es noch immer nicht so recht glauben... Sag mir, wie das Wetter in der Bahnhofstraße ist! ☺

Leicht bedeckt, wobei die Sonne gerade versucht, die Wolken zu durchdringen...

Bist Du allein in Zürich?

Nein, Verena, ich wünschte, ich wäre es... Ich bin mit einigen Geschäftspartnern aus Dubai hier. Wir haben heute Morgen noch ein Meeting, hier im Savoy Hotel.

Und danach?

Weiß ich noch nicht. Ich würde Dich gern sehen...

Seufz! Mein Herz pocht bis zum Hals...

Das wäre wunderschön, Khalid... Zugegeben, diese Überraschung muss ich erst verdauen...

Pass auf, meine Liebe, gleich habe ich dieses Meeting. Ich weiß noch nicht, wie lange es dauern wird, aber ich melde mich gleich anschließend, o.k.?

Oje, das dürfte schwierig werden, denn später bin ich auf dem Golfplatz. Mein Mann und ich sind gerade dabei, zu einem Turnier zu fahren. Das heißt, ich werde nicht vor heute Abend ins Savoy kommen können.

Alles klar, wir sehen dann später weiter...

Ich melde mich, sobald wir zurück sind!

Ich will einfach nur Zeit gewinnen. Doch zugleich plagt mich mein Gewissen. Irgendwie werde ich das Gefühl nicht los, Khalid ist gar nicht geschäftlich in Zürich. Denn wie ich ihn kenne, würde er nie zugeben, dass sein Aufenthalt einen ganz anderen Grund hat. Zudem würde er bestimmt auch nicht wollen, dass ich mich von ihm bedrängt fühle. Und da Khalid nun mal ein äußerst feinfühliger Mensch ist, hat er sicher bemerkt, dass ich nicht gerade bereit war, alles stehen und liegen zu lassen, um so schnell wie möglich ins Savoy zu kommen.

»Franzii, hast du verstanden, was ich eben die Treppe hinuntergerufen habe?«

»Nein, aber du wirst es mir bestimmt gleich sagen.«

»Mmh... ich denke, wir sollten heute Abend ins Savoy fahren. Khalid ist in Zürich, er hat sich per SMS gemeldet.«

»Oh, ich fürchte, da musst du allein hin.«

»Schatz, bitte, du kannst mich doch nicht so einfach im Stich lassen...«

»Nimm Lilli, Dagi oder Mama mit.«

»He, ich wünsche mir aber, du würdest Khalid einmal kennenlernen.«

»Keine Lust, im Fernsehen läuft Fußball...«

»Na, dann werde ich Khalid eben nicht treffen.«

»Dein Problem. Was führt denn deinen Herrn Scheich nach Zürich?«

»Keine Ahnung, irgendein Business-Meeting, wie er sagt.«

»Aha.«

»Könnte aber durchaus sein, dass er Lilli, Dagi, Mama und mich wieder einmal sehen möchte. Solche Überraschungsbesuche kennen wir ja von früher zur Genüge«, füge ich an.

Mein Mann verdreht bloß die Augen, während er etwas gelangweilt durch die TV-Kanäle zappt.

»Schatzi?«

»Was denn nun?«

»Eigentlich möchte ich Khalid lieber nicht treffen. Nach so vielen Jahren, weißt du… Du kennst mich ja, ich wäre viel zu befangen. Ich denke, mir fehlt einfach der Mut dazu.«

»Musst du selber wissen.«

»Ja, natürlich. Also eines ist klar: Wenn mich nicht jemand von der Familie begleitet, dann gehe ich nicht hin.«

»Wie gesagt, bei mir läuft Fußball – Champions League.«

»Ist ja schon gut, ich habe verstanden!«

Mein Mann sieht überrascht auf, als wollte er sagen: »He, he, was soll denn dieser Ton plötzlich?«

Ich gehe zur Küche und lasse mir einen Kaffee aus der Maschine. Dann rufe ich Mama an. Ihr bleibt kurz die Sprache weg, als sie hört, dass mich Khalid soeben aus dem Savoy kontaktiert hat.

»Es geht also wieder los«, meint sie trocken. »Aber eins musst du wissen: ohne mich. Solche Aufregungen halte ich in meinem Alter nicht mehr aus. Dich begleiten? Das kannst du mir nicht antun.«

Eine Ausrede folgt der anderen. Schließlich muss ich einsehen, dass von Mamas Seite keine Hilfe zu erwarten ist.

Eine Zigarette ist jetzt überfällig. Als ich meinen Franz so sehe, wie er gelassen vor dem Fernseher sitzt, könnte ich an die Decke gehen.

Lilli hat, wie zu erwarten, auch keine Zeit. Sie packt gerade ihre Koffer, da sie morgen früh nach Hamburg fliegt. Und wie sollte es anders sein, bei meiner jüngsten Schwester Dagi klappt es auch nicht. Scheinbar war es nicht vorgesehen, dass ich Khalid in Anwesenheit einer Begleitung treffen würde.

Allmählich kommt das große Zittern und ich überlege fieberhaft, wie ich mich aus dieser Situation retten könnte. Ohne Khalid zu verletzen, versteht sich. Aber im Moment fällt mir nichts ein. Ich bin wie blockiert.

Franz, der vom Sofa aus alles mitbekommen hat, reagiert nicht im Geringsten darauf. Das ärgert mich zusätzlich. Doch im Grunde bin ich auf mich selbst wütend. Warum muss ich auch nur so kompliziert sein? Weshalb habe ich nicht mehr Selbstvertrauen und Mut?

Nun ja, ehrlich gesagt hatte ich, was Männer anbetrifft, schon immer so meine Probleme. Das fing schon in der frühen Kindheit und in der Schule an. Extreme Schüchternheit, Verunsicherung, Angst…

»Schatz, hör endlich auf, hin und her zu gehen. Es ändert nichts, aber auch gar nichts an dieser Situation«, bemerkt Franz.

Als es langsam Abend wird, nehme ich meinen ganzen Mut zusammen und schreibe Khalid folgende SMS:

Samstag, 9. April, 17. 30 Uhr
Hallo Khalid! Wir sind gerade vom Golfplatz weggefahren…
bin in circa einer Stunde zu Hause. Melde mich, bis dann!

Was war ich bloß für ein Feigling.

17. 35 Uhr
Hi Verena, ich freue mich, Dich zu sehen...

18.40 Uhr
Bitte hab noch etwas Geduld...

Keine Reaktion. Khalids Handy bleibt stumm. Ich spüre, dass etwas anfängt, schiefzulaufen.

18.50 Uhr
Khalid, hast Du meine SMS von vorhin erhalten?

18.55 Uhr
Yes, my Love...

Er ist meiner Schwindelei auf der Spur und spielt mit. Aber ich kenne Khalid nur allzu gut, er wird dieses Spiel abkürzen. Meine Nerven liegen allmählich blank. Ich kann ihn doch nicht so im Stich lassen, wenn er nun schon mal da ist, lediglich dreißig Minuten Autofahrt von meinem Wohnort entfernt. Dabei wünsche ich mir dieses Wiedersehen ja auch so sehr...

19.00 Uhr
Es wird später als gedacht. Ich hoffe, Du gehst mit deinen Geschäftspartnern etwas essen?

19.02 Uhr
Mach Dir keine Gedanken, Verena …

Ich spüre, was in Khalids Innerem vorgeht und bin im Moment ziemlich traurig und ratlos. Kurz vor zwanzig Uhr entschließe ich mich, ihm eine letzte SMS zu schicken.

19.55 Uhr
He, Khalid, habt ihr schon gegessen? Was denkst Du, sollen wir uns morgen treffen – natürlich nur, wenn es Dir passt?

20.15 Uhr
Kein Problem, Verena! Ich fliege jetzt ohnehin gleich geschäftlich nach Genf. Ich weiß nicht, ob dann noch Zeit bleibt, Dich zu sehen. Möglicherweise reise ich direkt von Genf nach Dubai zurück…
Wir bleiben in Kontakt. Beste Grüße, Khalid

So, und das wars. Khalid hat mein fieses Abwehrspiel endgültig durchschaut und bereitet dem Ganzen ein Ende. Ich weiß nicht, ob ich weinen oder aufatmen soll, ich bin einfach fassungslos. Zugleich macht sich eine Art Traurigkeit in mir breit. Ich werde wohl oder übel akzeptieren müssen, dass Khalid den Ort der Enttäuschung fluchtartig verlassen wollte. Dabei war es so sicher wie das Amen in der Kirche, dass er eine ganze Weile lang nicht mehr erreichbar sein würde für mich. Ein Gedanke, der schmerzvolle Erinnerungen hervorruft.

Wie zum Beispiel 1989 in Dubai, als ich mich mit einer Freundin vom Hotel entfernte, ohne es Khalid vorher mitzuteilen. Gemeinsam fuhren wir nach Al Ain, um eine Farm, die in Privatbesitz war, zu besichtigen. Was man uns dort zeigte, grenzte schlichtweg an ein Wunder. Inmitten der Sandwüste gediehen Früchte und Gemüse aller Art in voller Pracht. Und es schien, dass der Besitzer dieser Farm seinen Schatz mit unendlicher Hingabe hegte und pflegte. Während wir staunend durch die Plantagen schlenderten, blieb er immer wieder stehen und musterte die Erzeugnisse, die die Natur hervorgebracht hatte. Die schönsten davon pflückte er, als wären es Edelsteine. Selbst eigenen Bienenhonig stellte er her. Als unsere Hände und Arme schließlich voll beladen waren, brachten wir die Ernte zur Küche. Danach zog der Araber mehrere Salon-Teppiche auf die Veranda hinaus, warf schwere Kissen darauf und bedeutete uns, Platz zu nehmen. Dem Himmel sei Dank, trugen wir lange Röcke. In der Mitte plazierte er eine Schale mit den frisch gepflückten Früchten. Dann streckte er sich auf dem Teppich aus, lehnte sich wie ein Pascha an ein Kissen und reichte uns süße Aprikosen. In seiner weißen Kandora bot er ein Bild außerordentlicher Schönheit. Das leise Plätschern des Springbrunnens unten auf dem Kiesplatz und das Zwitschern der Vögel gab uns das Gefühl, mitten im Paradies zu sein. Ich weiß nicht, wie lange wir bei ihm saßen und uns unterhielten. Jedenfalls brachen wir erst von der Farm auf, als die Sonne schon bald unterging.

Mauern, hohe weiße Mauern zogen an uns vorbei. Keine von uns hätte vermutet, welche Oase des Friedens und des Zaubers sich dahinter verbarg. Je mehr wir uns Dubai näherten, desto stärker meldete sich mein Gewissen. Damals gab es ja noch keine Handys, sodass ich mich zwischendurch mal hätte melden können. Es blieb also nur zu hoffen, dass Khalid tagsüber sehr beschäftigt gewesen war und nichts von unserem Ausflug bemerkt hatte.

Als wir unser Hotel betraten, fühlte ich mich wie auf Nadeln.

Im Zimmer hoffte ich, eine Nachricht von Khalid vorzufinden. Normalerweise wurden Mitteilungen unter der Zimmertür durchgeschoben, doch auf dem Fußboden fand sich kein Umschlag. Weder auf dem Schreibtisch noch auf dem Bett war irgendetwas zu sehen. Mutig griff ich zum Hörer und wählte die Nummer seines Autotelefons. (Das war in den Achzigerjahren das einzige moderne Kommunikationsmittel in der Wüste). Keine Antwort. Ohne zu zögern, probierte ich jetzt die Nummer von seinem Zuhause. Nichts rührte sich. Obwohl ich später ahnte, dass die Büros um diese Uhrzeit nicht mehr besetzt waren, wählte ich wie von Sinnen alle Nummern durch, die mir Khalid einmal genannt hatte. Nach Mitternacht war mir klar, dass er meine Anrufe absichtlich ignorierte. Plötzlich legte sich eine nie gekannte Schwere auf mein Herz. Nicht auszdenken, wenn ich ihn wegen solch einer Dummheit verlieren würde!

Am drauffolgenden Tag ahnte ich Khalids »Spiel«: Die Sekretärin in Al Waha ließ nämlich verlauten, dass Mr. Al Rashid in Dubai wäre. In Dubai hieß es wiederum, er wäre in Al Waha… Irgendetwas ging nicht mit rechten Dingen zu. Khalid musste definitiv angeordnet haben, dass er für mich nicht zu sprechen sei.

Um es kurz zu machen, drei Tage später stand meine Abreise vor der Tür.

»Guten Morgen, meine Damen, sind das Ihre Gepäckstücke?«, fragte der Taxifahrer, der uns zum Flughafen bringen sollte. Die unangenehme Geschäftigkeit des Pakistani warf mich rigoros auf den Boden der Realität zurück. Schon startete der Chauffeur den Motor und das Jebel Ali Hotel zog vorbei, als wäre alles bloß ein Traum gewesen. In nur sechs Flugstunden sollten Lisa und ich wieder in der Schweiz sein – und mir graute vor dieser Vorstellung. Dieses Land und die Wiederbegegnung mit Khalid hatte mein Leben aus den Fugen gerissen, nichts würde mehr sein wie bisher.

Am Flughafen herrschte reger Betrieb. Auf den Sitzbänken neben uns hockte eine ganze Sippschaft von tief verschleierten Frauen. In ihren schwarzen Abayas, die sie komplett über das Gesicht gezogen trugen, wirkten sie wie Gespenster. Doch ich stellte schnell fest, wie fröhlich sie miteinander redeten. Man hatte fast das Gefühl, sie beobachteten und kritisierten das ganze Geschehen und alle Menschen rundherum. Dabei waren ihre Hände ständig in Bewegung, was äußerst aufreizend wirkte. Das alles bereits morgens um sechs Uhr, während ich buchstäblich an meiner inneren Not zu ersticken drohte.

»Lass uns langsam in Richtung Ausgang gehen«, meinte Lisa.

Ich blickte meine Freundin bloß wortlos an. Wie versteinert erhob ich mich vom Sessel. Dann – endlich – streifte mich ein Augenpaar, das meinen Blick sogleich zurückfliegen ließ. KHALID! Als unsere Augen erneut aufeinandertrafen, war es, als würden sich die ganze Vergangenheit und Zukunft in nichts auflösen. Es gab nur noch mich, Khalid – und diesen Augenblick.

»Bist du es wirklich?«, fragte ich mit kaum vernehmbarer Stimme.

Seine Mundwinkel wollten sich zu einem Lächeln verziehen, aber die Augen schienen den Tränen nahe.

»Verena, ich habe dich so vermisst«, brachte er schließlich hervor. Er hatte die Lippen zusammengepresst und suchte verzweifelt nach Worten. »Ich liebe dich mehr denn je, ich werde sterben, wenn du weggehst«, klang die erstickte Stimme.

»Dann behalte mich hier, Khalid! Auch ich liebe dich mehr

denn je! Ich werde den langsamen, grausamen Tod sterben, wenn ich nicht bei dir bleiben darf ...«

Ach, Khalid ...

Nun, im Jahr 2006, wird er mich höchstwahrscheinlich – nachdem er das Savoy in Zürich wegen mir Hals über Kopf verlassen hat – wieder einmal mehr bestrafen. Er wird es mir zurückgeben, indem er sich für mehrere Tage, Wochen oder gar Monate in Schweigen hüllt. Mit dem einzigen Unterschied zu früher, dass es mich heute nicht mehr so schmerzt.

Im Juli, drei Monate darauf, begibt sich Khalid wie geplant mit seiner Familie auf Europareise. Ich erhalte eine SMS aus Paris.

Juli 2006
Hallo meine Liebe, wie geht es Dir so? Ich habe schon lange nichts mehr gehört aus Zürich ...

Hallo Khalid! Welch eine Überraschung, von Dir zu hören ...
Wie geht es Dir und Deiner Familie? Bei uns ist alles o.k.!
Liebe Grüße, auch von Mama, Lilian und Dagi

Hi Verena, wie schön, von Dir zu hören ... Besonders gefreut haben mich natürlich die Grüße von Deiner Mama und Deinen Schwestern ... Im Moment bin ich mit meiner Familie in Paris. Wir verbringen da unsere Sommerferien. Und wer weiß, vielleicht gelingt es uns einmal, einen Abstecher in die Schweiz zu machen ...

Lieber Khalid, Du sollst immer wissen, dass Du jederzeit herzlich willkommen bist bei uns, ob mit oder ohne Familie!! Wir

*würden uns so sehr freuen, Dich endlich wieder zu sehen…
Inzwischen wünsche ich Dir und Deiner Familie einen wunderschönen und erholsamen Urlaub! Pass auf Dich auf…*

Das ist wirklich sehr, sehr lieb von Dir, Verena. Auch ich würde mich freuen, Dich und Deine Familie wieder zu sehen. Ich vermisse Dich… Khalid.

Acht Tage später trifft mitten in der Nacht erneut eine SMS von Khalid ein. Da ich aus schlafmedizinischer Sicht eine sogenannte »Nachteule« bin, arbeite ich oft bis in die frühen Morgenstunden am Computer. In der besagten Nacht liegt mein Handy zufällig neben mir auf dem Tisch. Als sich nun morgens um 03.00 Uhr, inmitten der Stille, eine SMS ankündigt, schrecke ich furchtbar zusammen. Mein Herz klopft wie wild vor Aufregung, als ich folgende Mitteilung lese:

*Juli 2006, 03.00 Uhr
Hi Verena, es geht mir ganz schlecht… Du kannst Dir nicht vorstellen, wie unendlich traurig und leer ich mich fühle. Ich habe gestern meinen allerbesten Freund bei einem Unfall verloren… Es ist eine furchtbare Tragödie… Ich bin inzwischen mit der Familie nach Dubai zurückgekehrt… Nun sitze ich hier, allein, mit einem Wodka (weiß nicht, das wievielte Glas es ist) und bin nur noch gelähmt vor Schmerz…*

*03.05 Uhr
Mein lieber Khalid! Ich bin tieftraurig, ich leide und weine mit Dir…*

03.07 Uhr
Ich danke Dir, meine Ewigkeitsliebe ...

Seit jener Nacht der Trauer war unser Kontakt wieder spürbar inniger geworden. Vielleicht so eng und vertraut wie nie zuvor. Die Tatsache, dass Khalid mir Dinge anvertraute, über die ich zu schreiben nicht wage, weil sie letztendlich auf seine Person schließen lassen könnten, zeigt deutlich, wie groß sein Vertrauen in mich ist. Einen schöneren Freundschaftsbeweis konnte es für mich gar nicht geben. Und es war einfach erstaunlich, wie gereift und weise ihn das Leben gemacht hat. Manchmal habe ich das Gefühl, er will vieles wiedergutmachen, was er damals in unserer Beziehung verpasst oder nicht verstanden hat, weil er nicht erwachsen genug war.

All das hat das Thema Khalid wieder an die Oberfläche gespült und mir plötzlich die Flügel verliehen, mein Manuskript, das ich bereits Jahre zuvor an diverse Verlage geschickt hatte, aufs Neue zu prüfen. »Es konnte doch nicht sein, dass solch eine packende Geschichte über Liebe und kulturelle Verpflichtung niemanden interessierte«, sage ich mir. Ich selbst nämlich war seit der Trennung von Khalid ständig hinter Büchern her, die von ähnlichen Schicksalen handeln. Allesamt aufwühlende Geschichten über Liebe und Verlust – bevorzugt aus der islamischen Kultur, versteht sich. Ich sog diese Erfahrungsberichte richtiggehend in mich auf. Nacht für Nacht. Oft war ich derart gefesselt, dass ich das Buch in einem Zug durchlas. Und nicht zuletzt haben all diese Geschichten ein Stück dazu beigetragen, mein eigenes Schicksal besser verkraften und verarbeiten zu können. Unter meiner Lektüre fanden sich auch mutige Berichte muslimischer Prinzessinnen aus dem Königreich Saudi Arabien oder Jordanien. Diese gaben mir einen besonders speziellen Einblick in die Welt der Königs- und Herrscherhäuser der arabischen Halbinsel. Was Khalids Herkunft anbelangte, konnte ich so plötzlich vieles verstehen, was zuvor oft Rätsel aufgeworfen hatte.

Fünf Jahre nach der Trennung von Khalid, im Jahr 1995, tat sich eines Tages plötzlich ein Problem vor mir auf: Auf den zahlreichen Büchertischen und Regalen war keine einzige Neuerscheinung bezüglich meines bevorzugten, um nicht zu sagen ausschließlichen Themas aufzutreiben. Ich wollte es partout nicht wahrhaben. Wo blieb bloß der Nachschub! Nicht einmal eine winzig kleine biografische Geschichte aus dem Islam, die ich nicht schon kannte, fand sich in den Regalen. Vergeblich klapperte ich sämtliche Buchhandlungen im Umkreis von bis zu fünfzig Kilometern ab. Da endlich, fiel es mir wie Schuppen von den Augen. Hatte ich nicht selbst solch ein aufwühlendes Schicksal erlebt? Aber klar doch! Ich würde meine eigene Geschichte zu Papier bringen! Das würde mir nicht nur helfen, mein eigenes Drama besser zu verarbeiten, sondern auch die Nächte, in denen ich für gewöhnlich in solche Geschichten vertieft war, zu überbrücken. So lange, bis sich ein neuer, spannender Titel auf dem Buchmarkt finden würde. Gesagt, getan.

Noch am selben Tag, am 21. Juni 1995, dem Geburtstag von Franz, traf ich mich mit ihm zum Mittagessen und eröffnete ihm gleich meine Pläne, ein Buch zu schreiben. Statt sich darüber lustig zu machen, unterstützte er meine Idee voll und ganz. Ich war wirklich überrascht. Natürlich hatte er damals keine Ahnung, welche Folgen das auch für ihn haben würde: Zum Beispiel, dass er drei Jahre lang auf unzählige gemeinsame Sonntage und Nächte verzichten musste. Zudem kam es

während dieser intensiven Zeit des Schreibens nicht wenige Male vor, dass ich in Tränen der Verzweiflung ausbrach. Dann nämlich, wenn ich glaubte, ich würde dieses Manuskript nie und nimmer zu Ende zu bringen.
»Reiß dich zusammen, du schaffst das«, spornte er mich immer wieder an. »Du hast alle Zeit der Welt und meine Unterstützung dazu.«
Dass Franz im Stillen darunter litt, die Abende ganz allein auf dem Sofa vor dem Fernseher zu verbringen, gestand er mir erst viel später.

1998 war mein Manuskript, nach mehrfacher Überarbeitung, endlich druckreif. Welch ein Wunder! Ich war unglaublich aufgeregt und auch ein bisschen stolz auf das, was ich geschafft hatte. Nun fehlte nur noch der richtige Verlag, der mein Buch herausgeben würde. Kein Problem, dachte ich. Die Scheichs von Dubai waren längst zum Thema der Öffentlichkeit geworden. Durch die Umsetzung zahlreicher spektakulärer Projekte galt ihr Land heute schon als touristisches Ziel der Superlative. Demzufolge würden auch die Buchverlage darauf reagieren, sprich, an einer Geschichte, die sich dort abspielte, interessiert sein. Weit gefehlt!

Bis zu einem halben Jahr wartete ich auf Resonanz. Oft kam gar nichts. Im besten Fall erhielt ich ein kurzes Schreiben mit dem Standardsatz: »Vielen Dank für Ihr Manuskript-Angebot, leider passt Ihre Geschichte nicht in unser Verlagsprogramm.«

Bis sich dann eines Tages die Lektorin eines großen deutschen Verlagshauses bei mir meldete und mir mitteilte, sie wäre an meiner Geschichte und der Herausgabe des Buches interessiert, müsse das Projekt nur noch von der Verlagsleitung absegnen lassen. Vor Freude war ich außer Rand und Band.

Als jedoch ein Monat verstrich, ohne dass ich wieder von der Dame hörte, frage ich beim Verlag nach. Dort erfuhr ich, dass die Nachfolgerin jener Lektorin dabei sei, mein Manuskript zu prüfen. Sie kam leider zu einem anderen Schluss, sodass dann doch nichts aus der Geschichte geworden ist.

Enttäuscht versorgte ich das Manuskript in einer Schublade, wo es bis zum Jahr 2003 liegen blieb und ich nochmals einen Versuch startete. Beim Stöbern im Internet stellte ich fest, dass sich die Verlagslandschaft seit meinem letzten Versuch doch sehr verändert hatte: Manche Buchverlage waren von der Bildfläche verschwunden, andere hatten fusioniert und neue schossen wie Pilze aus dem Erdboden. Es bestand also noch Hoffnung. Ich schrieb gezielt ausgewählte Verlage an, doch nach einiger Zeit trafen dieselben Standardbriefe wie beim ersten Mal ein.

Oft hatte ich das Gefühl, mein Skript würde erst gar nicht auf dem Tisch einer Lektorin landen. Vielmehr würde es in der täglichen Flut unaufgefordert eingesandter Texte untergehen. Womit ich auch gar nicht so Unrecht hatte, wie sich später herausstellte.

Aber zurück zu meiner Geschichte. Wir befinden uns im Jahr 2006, Khalid hat das »Intermezzo vom Savoy Hotel« verdaut und unser SMS- und Mailkontakt ist stets vertrauter geworden. Da plötzlich, kurz vor Weihnachten, erinnere ich mich wieder an mein Manuskript, das irgendwo verstaubt in einer Schublade liegt. Ich weiß nicht, welcher Teufel mich reitet, als mir die Idee kommt, nochmals einige Verlagshäuser anzuschreiben – mit dem verlockenden Angebot, die Druckkosten für mein Buch selbst zu übernehmen. Danach geht alles ganz schnell. Ich klemme mich hinter die Arbeit, setze einen entsprechenden Brief auf, gebe dem Exposé einen letzten Schliff und bringe wieder einen Stapel von Anschreiben zur Post. Unter anderem an einen kleinen Zürcher Verlag, von dem ich nie zuvor gehört hatte. Khalid erzähle ich nichts von alldem. Ich bin der Meinung, es sei nicht die Zeit dazu, denn bisher existierte eine Veröffentlichung unserer Geschichte in Buchform ja nur als Idee von mir. Lieber wollte ich ihn überraschen, wenn es denn jemals klappen sollte. Ich bin mir fast sicher, dass ihn ein Buch über unsere Liebe und unser Schicksal im Grunde seines Herzens ungemein freuen und stolz machen würde. Nach nur drei Tagen erreicht mich ein Anruf des besagten kleinen Zürcher Verlages. Er ist an der Geschichte interessiert und würde das Buch gerne herausbringen. Vor Aufregung bleibt mir schier der Atem weg. Im Hintergrund lauschen Mama und Dagi, denn wir sind gerade bei meiner Schwester zu Besuch. Als ich den Telefonanruf beende, schreien wir alle vor Freude und Aufregung. Nach fast neun Jahren Durchhaltevermögen hat es endlich geklappt! Danach geht alles Schlag auf Schlag. Titelsuche, Cover, Vertrag, Fotoshooting, Lektorat …

»Aber, Frau Wermuth«, wendet der Verlagsinhaber ein, »wir sollten Scheich Khalid vorab schon noch fragen, ob wir seinen Vornamen nennen dürfen! Normalerweise benutzt man in Büchern ein Pseudonym.«

So etwas hatte ich mir zuvor gar nicht überlegt. Gschweige denn, dass mein Buch einmal bekannt würde und Khalid seinen Namen darin finden könnte – vielleicht wollte er das gar nicht? Immerhin stand für ihn ja einiges auf dem Spiel, wenn unsere Geschichte in seinem Umfeld plötzlich bekannt würde.

Also schreibe ich eine Mail und frage ihn, was er dazu meint. Ich freue mich, ihn endlich überraschen zu können.

Samstag, 24. Februar 2007
Lieber Khalid!
Es sind einige Wochen vergangen, seit ich von Dir gehört habe. Wie geht es Dir und Deiner Familie? Ich hoffe, es ist alles in bester Ordnung... Bestimmt hast Du auch mit den großen Bauprojekten, die Dir unterstellt sind, eine Menge zu tun. Dafür viel Ablenkung, was sicherlich ein bisschen hilft, über so manch schwierige Zeit hinwegzukommen...
Wie auch immer. Ich hoffe, Du wirst etwas Zeit finden, über das, was ich Dir jetzt gleich erzählen werde, nachzudenken.
Pass auf! Es gab da eine Zeit in meinem Leben, die war voller Schmerz und Traurigkeit. Während ebendieser Zeit begann ich, alles, was ich mit Dir in den elf Jahren unserer Liebe durchgemacht hatte, auf Papier zu bringen. Schlussendlich gipfelte das Ganze in einer großen Arbeit. So viel zur Vorgeschichte.
Nach all dem hat meine Arbeit schließlich den Weg zu einem Buchverlag gefunden. Und Du glaubst es nicht, dieser Verlag möchte unsere Geschichte als Buch herausbringen... Aber keine Angst, Deine Person und Dein Geburtsort sind durch Pseudonym geschützt. Genauso wie auch die Namen all unserer Freunde von Abu Dhabi bis nach Ägypten.
Jetzt möchte ich Dich etwas Wichtiges fragen... Würde es Dich sehr stören, wenn ich Deinen Vornamen im Buchtext stehen lassen würde? Es wäre schwierig für mich, an dieser Stelle einen anderen Namen als »Khalid« zu benutzen. Khalid ist ein Teil von mir, ist Teil meines Lebens... Du weißt schon, was ich meine...
Teile mir also bitte mit, wenn Du irgendwelche Einwände haben solltest. Das Buch steht kurz vor dem Druck. Es wird

voraussichtlich ab Ende April auf dem Markt erhältlich sein.
Ich freue mich sehr, von Dir zu hören. Pass auf Dich auf.
Alles Liebe,
Deine Verena

Samstag, 24. Februar 2007
Liebe Verena!
Ich danke Dir für Deine Mail… es ist jedes Mal ein glücklicher Moment für mich, wenn ich eine Mail von Dir bekomme. Ich wünsche mir, Dir so viel mehr schreiben zu können, aber seit ich weiß, dass Du nicht die einzige Person bist, die diese Mailadresse nutzt, bin ich bemüht, Dich zu schützen…
Erzähl, wie geht es Dir und wie geht es Deiner Familie?
He, Du machst mich traurig, wenn Du mir sagst, dass Du eine schmerzvolle, schwierige Zeit durchgemacht hast damals…
Nun gut, wir haben beide irgendwann Fehler gemacht in unserem Leben.
Aber um auf Deine Frage zu kommen, ob Du meinen Namen im Buch verwenden darfst. Also: Es ist schwierig für mich, an diesem Punkt meines Lebens, insbesondere dem Punkt, an dem wir beide miteinander angelangt sind, Dir diesen Wunsch nicht erfüllen zu können. Aber ich habe keine andere Wahl, außer derjenigen, mich bei Dir zu entschuldigen und Dich darum zu bitten, meinen Namen im Buch nicht zu verwenden. Wir beide haben unsere Familien und unser eigenes Leben und wir wollen unsere Familienangehörigen schützen und nichts geschehen lassen, was ihnen Schaden zufügen oder sie verletzen könnte.
Pass auf! Du darfst jeden Namen dieser Welt, der Dir irgendwie gefällt oder Dir etwas bedeutet, wählen. Aber bitte nicht

meinen Namen... Es tut mir wirklich sehr, sehr leid...
Ich hoffe, Du kannst das verstehen!!!
Nun wünsche ich Dir für die Herausgabe Deines Buches alles
Glück der Welt... Und weißt Du was?! Ich bin sehr gespannt
darauf, es eines Tages lesen zu können ☺ *!*
Love,
Khalid

Na, ein bisschen überrascht bin ich schon. Ehrlich gesagt habe ich erst jetzt so richtig begriffen, was es Khalid bedeutet, unsere damalige Liebe geheim zu halten. Und das, obwohl mittlerweile siebzehn Jahre verstrichen sind. Da muss was dran sein! Mein Verleger meint gar, wir hätten Glück, wenn uns Scheich Khalid die Herausgabe des Buches nicht noch verbieten würde. »Nein, so was würde er nie tun«, stelle ich sofort klar. »Aber vielleicht sollte ich, bevor das Buch in den Druck geht, noch ein paar kleine Änderungen vornehmen...«

Montag, 26. Februar 2007
Lieber Khalid!
Du brauchst Dich nicht zu entschuldigen, ich habe begriffen, was
Du mir sagen willst und ich kann alles sehr gut verstehen. Auch
sollst Du wissen, dass ich Deinen Willen jederzeit respektiere.
Du brauchst Dir also keine Sorgen zu machen, Mama und ich
haben uns bereits einige Namen ausgedacht... Wobei sie meint,
dass keiner so geheimnisvoll und magisch klingt wie deiner...☺*.*
Da muss ich ihr natürlich wieder einmal recht geben.
Du hast mich so glücklich gemacht, als Du sagtest, Du wärst
gespannt darauf, mein Buch zu lesen. Natürlich wird das Buch
in deutscher Sprache erscheinen...

Was ich nebenbei noch bemerken wollte: Mails, in denen Du mir etwas über die Geschehnisse in Dubai, über Dein Alltagsleben und das Deiner Familie schreibst, sind besser als gar keine... Ich freue mich so sehr über JEDE Nachricht von Dir...! Ich werde versuchen, zwischen den Zeilen zu lesen...
Umarmung,
Deine Verena

Als Erstes gilt es nun, die 320 Textseiten ganz genau zu durchkämmen, um sicherzugehen, dass auch wirklich nichts drinsteht, was Scheich Khalid verraten könnte. Dabei bleibe ich bei einer Mail hängen, die aus dem Jahr 2006 stammt – also einer Zeit, in der wir bereits sechzehn Jahre getrennt waren. Khalid schreibt darin: *Verena, Du bist die erste Frau in meinem Leben, in die ich mich verliebt habe, aber auch die Letzte... Und wenn ich jetzt sterbe, dann als glücklicher Mann...*

Ich hatte diese wunderschöne Mail, die letztlich alles zum Guten wendete, dem Nachwort angefügt, weil der Schluss des Buches so endlos traurig ist. Ich hoffte, damit die Leserinnen und Leser des Buches mit Khalids Worten etwas trösten zu können.

Als ich diese Mail aus dem Skript entfernen wollte, kamen sofort Aufschreie. »Das darf nicht sein! Khalids Mail rehabilitiert das gesamte Buch – eure Liebe, die Versteckspiele, einfach alles! Es beweist die Sinnlosigkeit gewisser Zwänge, basierend auf althergebrachten islamischen Bräuchen und Traditionen...«

Schließlich kapitulierte ich. Aber erst, nachdem ich mir sicher war, dass mit keinem Wort etwas in der Mail stand, was auf Khalids Person hätte hindeuten können. In der Tat hätten die Liebesgeständnisse von einer x-beliebigen Person verfasst sein können. Es gab nichts, wirklich nichts, was auf jemand Konkreten hingedeutet hätte. Scheich Khalid war der einzige Mensch dieser Welt, der die besagten Worte kannte.

Dass mir diese Mail letztlich zum Verhängnis würde, hätte ich damals nie gedacht. Doch mehr dazu später.

Inzwischen laufen die Druckmaschinen in Polen heiß. Nein, stopp! Da ist ja noch unser Cover, der Buchdeckel. Mein Verleger Adrian ist der Meinung, dass wir am besten mein Gesicht darauf abbilden sollen.

»Wie bitte?«, frage ich erstaunt.

»Nun, bei Biografien und Erfahrungsberichten ist es üblich, dass man die eigene Person, oft die Autorin selbst, auf dem Cover abbildet.«

»Adrian, es tut mir wirklich leid, aber so was möchte ich auf gar keinen Fall.«

Schließlich hatte ich auf meinem Computer unzählige zauberhafte Cover-Vorschläge gestaltet. Allesamt Fotos mit bildhübschen verschleierten Frauengesichtern aus dem Orient. Etwas in der Art stelle ich mir vor. Zudem sollte der Buchdeckel ein Blickfang sein. Mit *meinem* Gesicht? Nein, wirklich nicht. Dann noch all die Leute, die mich kannten – vom Dorfladen zu den Nachbarn, dem Fitnesscenter über den Coiffeur bis hin zum Golfplatz, sämtliche Wein- und Geschäftsfreunde meines Mannes – gar nicht auszudenken.

»Wie bitte, ein Shooting bei einem Profi-Fotografen? Eine Visagistin? Da renn ich gleich davon – Kindheitstrauma Fotomodell!«

Das konnte mein Verleger natürlich alles nicht wissen. Adrian zeigt aber immer wieder viel Geduld und Einfühlungsvermögen und versucht, mich zu verstehen. Anders als mein Vater, der zu sagen pflegte: »Na, wenn *sie* schon nicht dazu taugt, wie ihre Schwestern Bäume zu erklettern, vom Fünfmeterturm ins Wasserbecken zu springen oder auf den Skiern den Hang hinunterzuflitzen, dann ist sie wenigstens hübsch.«

Letzteres war vor allem meiner Mama aufgefallen, die mich für ein Casting angemeldet hatte. Das steckt nach wie vor tief in mir, doch Adrian gelingt es mit Gleichmut und Beharrlichkeit letztlich immer wieder, seine widerspenstige Autorin »um den Finger zu wickeln«.

Bepackt mit einem schwarzen, transparenten Kopftuch, Mama als Bodyguard im Schlepptau, treffe ich zum Shooting ein. Fotograf, Verleger und Visagistin warten bereits gespannt auf das Model, das lieber keines sein wollte.

Irgendwie geht es dann doch. Nach dem Fotoshooting und anschließenden intensiven Diskussionen entscheiden wir uns für ein Schwarz-Weiß-Foto: Es ist ausdrucksstark, geheimnisvoll und passt perfekt zum Buchtitel »Die verbotene Frau«.

Endlich können die Druckmaschinen in Polen loslegen. Durch den zusätzlichen Aufwand, der das nochmalige Überprüfen der Texte erfordert hat, wird mein Buch nicht wie geplant im April, sondern Anfang Juni erscheinen.

Khalid halte ich währenddessen immer wieder auf dem Laufenden. Er fiebert richtiggehend mit und kann es kaum erwarten, bis dieses »Kind« endlich geboren ist.

9. Mai 2007
Hallo Verena!
Es ist immer eine Freude, von Dir zu hören... Ja, es geht mir gut, alles okay in Dubai... He, es freut mich ja so sehr, dass Dein Buch endlich herauskommt. Ich hoffe, es wird das berühmteste Buch der Welt – ein Bestseller!!! Das wäre einfach großartig...
Ich habe so viele Pläne für diesen Sommer, einerseits sollte ich unbedingt nach Europa reisen, wo ich unter anderem auch geschäftliche Termine zu erledigen hätte. Aber ich weiß gar nicht so recht, ob ich mag. Irgendwie bin ich zu bequem geworden, ständig im Flugzeug unterwegs zu sein. Andererseits halten mich die Geschäfte hier derart auf Trab, dass ich es kaum schaffe, von Dubai wegzukommen. In jedem Fall werde ich Dich auf dem Laufenden halten. Sollte ich Zürich besuchen, möchte ich Dir jetzt schon sagen, dass es für mich eine riesige Freude wäre, Dich und Deine ganze Familie zu einem Abendessen einzuladen... Bitte grüße ALLE von mir.
Khalid

Ja, seit Khalid im Savoy war, ist genau ein Jahr vergangen. Nun will er offensichtlich einen neuen Versuch starten. Irgendwann werde ich keine Ausflüchte mehr finden, das ist klar. Im Moment bin ich aber sowieso zu beschäftigt und zu aufgeregt, um mir darüber Gedanken zu machen. Fast täglich passieren neue Dinge. Kaum ist das Foto für den Buchdeckel geboren, fängt der Kampf um die Buch-Vernissage an. Adrian ist der festen Überzeugung, dass mein Buch zelebriert werden sollte. Und zwar im feierlichen Rahmen einer Vorlesung mit Apéro, Presse, Fotografen, VIPs, Glanz & Gloria, usw. Das hatte er bereits damals, bei der Vertragsunterzeichnung, erwähnt. Da ich aber davon nichts wissen wollte, ging ich erst gar nicht auf seine Anmerkung ein. Für mich zählte einzig die Vertragsunterzeichnung. Nach mir die Sintflut!

Nein, so war es natürlich nicht ganz. Zu jenem Zeitpunkt hatte ich nämlich nicht die geringste Ahnung, dass die Sintflut tatsächlich einmal über mich hereinbrechen würde. Ich war einfach glücklich und zufrieden, dass mein Buch endlich veröffentlicht wurde.

»Adrian, muss das denn wirklich sein? Ich meine, eine Lesung mit der Buchautorin?«

»Ja, natürlich! Die Leute hören gerne der Autorin zu, um anschließend ein signiertes Buch zu bekommen.«

»Ich sterbe, das mache ich nicht mit!«

Adrian ist verstummt. Mit unruhigen Fingern zündet er sich eine Zigarette an und inhaliert den Rauch besonders tief in die Lungen. Ich warte noch immer darauf, dass er etwas sagt. Stattdessen geht er zur Kaffeemaschine, setzt eine Tasse unter den Ausguss und drückt den Bedienungsknopf. Während der Espresso in die Tasse läuft, sieht er auf und fragt: »Magst du auch einen?«

Ich nicke und beginne ihm zu erklären: »Weißt du, Adrian, ich war schon immer extrem schüchtern. Sobald ich mich nur in einer kleinen Gruppe von Menschen aufhalte, traue ich mich kaum zu reden. Wie bitte, soll das denn erst vor einem gefüllten Saal funktionieren …?«

»Verena, wir werden üben, üben und nochmals üben – jeden Tag, bis es klappt. Es bleibt dir ja noch so viel Zeit. Bis die Bücher aus der Druckerei im Verteilzentrum Affoltern eintreffen, dauert es zwei bis drei Wochen. Dann erfolgt die Auslieferung für den Buchhandel. Das heißt, die Vernissage würde

dann ungefähr eine Woche darauf stattfinden. Damit bleiben dir noch ganze vier bis fünf Wochen zum Üben.«
Ich sitze mit gesenktem Kopf da und überlege.
»Hab Vertrauen in dich«, redet Adrian weiter auf mich ein. »Verena, du schaffst das! Ich verspreche dir hoch und heilig, während der ganzen Lesung an deiner Seite präsent zu sein, sodass ich jederzeit – falls du einen Blackout haben solltest – das Wort übernehmen könnte.«
Was soll ich dazu noch sagen? Schicksalsergeben willige ich ein...
»Aber nicht, dass mir noch weitere solche Überraschungen unterkommen«, mahne ich Adrian halb ernst, halb lachend.
Etwas nachdenklich nimmt er die Brille von seiner Nase, kramt nach einem Taschentuch und reibt die Gläser sauber.
»Vor Überraschungen ist man im Leben nie gefeit«, gibt mir Adrian zu verstehen.

In den darauffolgenden Wochen helfe ich fast täglich im Verlag mit: Wir kreieren diverse Flyer, setzen Werbetexte für das Buchjournal auf, erstellen Adresslisten sämtlicher Medien, VIPs und geladener Gäste, arbeiten Text-Vorschläge für die Pressemitteilung aus, scannen Fotos ein, gestalten und texten Einladungskarten. Zusätzlich sind wir voll mit der Organisation der geplanten Vernissage beschäftigt. Alles ist unglaublich spannend und faszinierend für mich. Nun ja, fast alles – bis auf das Üben für die Lesung. Zuerst überlegen wir zusammen, welche Textpassagen sich dafür eignen, welche Episode, welches Kapitel beim Publikum am besten ankommen würde. Obendrein sollte ich, zwischen den verschiedenen Textpassagen, frei aus dem Bauch heraus erzählen. Etwas, worauf mich mein Verleger erst während des Übens aufmerksam gemacht hat. Wurstscheibchen-Taktik nennt man so etwas! Aber, wie dem auch sei: Die Pressemitteilung und die Einladungen für die Vernissage sind längst verschickt und die Dinge nehmen ihren Lauf.

Es ist ein herrlich sonniger Frühlingstag, als die erste Journalistin auf meiner Terrasse erscheint. Sie ist bestens ausgestattet mit Mappe, Zeitschriften und einem Aufnahmegerät und legt direkt und sehr persönlich los. Das ist mir alles viel zu viel, sodass ich gleich abwehre: »Stopp, stopp, nichts Privates! Ich möchte nur über das Buch reden.«

Dabei werfe ich einen verzweifelten Blick zu meinem Verleger. Ihm stehen schon jetzt die Schweißperlen auf der Stirn. Er fuchtelt mit den Händen, als wollte er sagen: »Du musst das selbst entscheiden.«

Die Journalistin sieht mich derweil erbost an und meint: »Na, dann kann ich ja gleich wieder gehen!«

Ich bin völlig konsterniert und möchte Adrian weder verärgern noch enttäuschen.

»Na gut, dann schießen Sie eben los und wir werden sehen«, sage ich.

Die Dame bleibt weiter unverschämt. Bis zum Schluss.

Nach dieser ersten Erfahrung mit der Presse bin ich völlig zerknirscht und entnervt. »So etwas mache ich nicht noch einmal mit«, denke ich für mich. Adrian gegenüber sage ich lediglich, dass ich Interviewfragen künftig lieber per E-Mail beantworten würde.

»Ach, Verena, es ist doch ganz gut gelaufen«, meint er und klopft dabei aufmunternd auf meine Schulter. »Ich verspreche dir, auch in Zukunft bei jedem Interview-Termin dabei zu sein, um dir alles Unangenehme vom Leib zu halten.«

Aha. Als ob das so einfach wäre.

Bereits am nächsten Tag melden sich mehrere Zeitungs-Redaktionen im Verlag. Dabei hatte ich so gehofft, es würde bei dem einen Interview-Termin bleiben.

Als mich nun mein Verleger anruft, vernehme ich seine völlig aufgelöste Stimme in der Leitung: »Stell dir vor, Verena, eine der größten Wochenzeitungen der Schweiz möchte eine Titelstory mit dir machen!« Im Gegensatz zu ihm hält sich meine Begeisterung in Grenzen. Die Vorstellung, diesem ganzen Medienrummel ausgesetzt zu sein, verursacht mir bereits beim bloßen Gedanken daran Bauchschmerzen. Doch Adrian setzt mir wieder einmal geduldig auseinander, was es damit auf sich hat und versucht, meine Skepsis zu vertreiben. Da wir uns heute jedoch nicht mehr einigen können, verschieben wir die Entscheidung auf den nächsten Tag.

Leicht genervt rufe ich meine Mutter an und erzähle ihr von diesem Gespräch. Auch sie ist erstaunt, dass sich dieses Magazin für meine Geschichte interessiert. Schließlich rufe ich auch noch meinen Mann an, weil ich seine Meinung hören will. Er wiederum sieht alles wieder von einer anderen Perspektive:

»Naja, da hat dein Verleger aber gar nicht so unrecht – wenn man bedenkt, dass das Magazin eine Auflage von mehr als zwei Millionen pro Woche hat. Das ist die beste Werbung, die du haben kannst. Also an deiner Stelle würde ich das Interview auf jeden Fall machen. Trotz deiner Zweifel!«

Am nächsten Tag schaue ich mir ein solches Magazin an und entdecke interessante redaktionelle Beiträge, Kolumnen und Portraits über Menschen, die durch etwas Besonderes aufgefallen sind. Da kann ich mich durchaus wiederfinden – Adrian vereinbart einen Interview-Termin.

Kurz darauf treffen zwei Journalisten, ein Fotograf und eine Video-Reporterin bei mir ein. Ich staune nicht schlecht. Noch bin ich mir des Ausmaßes der Veröffentlichung meiner Geschichte gar nicht bewusst. Als die Leute nun ihre Schreibblöcke, Kameras und Aufnahmegeräte in Stellung bringen, finde ich das alles sehr befremdlich. Zum Glück ist mir aber der Chefreporter in seiner freundlichen und unkomplizierten Art gleich sympathisch. Die Chemie zwischen uns stimmt von Anfang an. So fällt es mir denn auch gar nicht schwer draufloszuplaudern, während Mama für die Bewirtung sorgt und Kaffee herbeiträgt. Adrian führt inzwischen die Kameraleute von der Terrasse zu meinem Büro, wo ich nächtelang vor dem Computer saß und während des Schreibens meine Geschichte noch einmal durchlebte. Die Video-Reporterin findet das wichtig und möchte diesen Platz unbedingt festhalten. Ich trinke solange Kaffee mit den beiden Journalisten. Dabei mischt meine Mama heftig mit beim Gespräch: »Geblieben sind drei Herzen – zwei gebrochene Menschenherzen und ein winziges aus purem Gold. Zeig mal deinen Herzanhänger, Verena«, fordert sie mich auf.

Peinlich berührt, ziehe ich die Halskette mit dem Anhänger, den ich seit zwanzig Jahren ununterbrochen trage, aus der Bluse. Was soll ich dazu sagen? Wie sollte ich das Unglaubliche überhaupt glaubhaft schildern? Darüber zu sprechen fällt mir immer schwerer. Der Journalist spürt das, lenkt ab und schweift zur Südküste Englands. Dort bin ich Scheich Khalid während eines gemeinsamen Aufenthalts an einer Sprachschule zum ersten Mal begegnet.

Ich schildere, wie wir uns bei einem »Horseback riding Ausflug« mit der Schulklasse nähergekommen sind: »Eigentlich war Khalid sehr zurückhaltend und ernst. Ich vermutete, er stamme aus eher bescheidenen Verhältnissen. Denn anders als seine arabischen Kumpels, die ganze Nachmittage beim Shoppen verbrachten, war Khalid ausschließlich auf dem Fußballfeld anzutreffen. Ja, und als dann auf diesem Reitausflug plötzlich ein Arm den anderen streifte, durchfuhr mich ein Schaudern! Viel zu früh kam schließlich der Tag der Abreise. Khalid und ich schworen uns ewige Liebe. Bei der Trennung am Flughafen London-Heathrow wusste ich eines ganz genau: Das ist die große Liebe meines Lebens und ich werde ihr bis ans Ende der Welt, in diesem Fall bis in die Wüste folgen.«

Etwas hatte Khalid mir allerdings verschwiegen. Und zwar seine Herkunft. Ich hatte keine Ahnung, dass er einer der sieben Herrscherfamilien seines Landes angehörte. Ich hoffte und wünschte mir einfach nur, Khalid bald wiederzusehen. Tausende von Zeilen flogen zwischen Dubai und der Schweiz hin und her. Dann war er plötzlich da, in Zürich. Aus dem jungen Studenten in Baseballmütze und Turnschuhen war ein richtiger Mann geworden. Breitschultrig, attraktiv und sehr maskulin… Wieder wurde ich gepackt: Dieser Araber mit der fremden, geheimnisvollen, orientalischen Aura…, ich konnte dem einfach nicht entkommen! Als Mädchen liebte ich Märchen aus Tausendundeiner Nacht. Jetzt war plötzlich alles echt. Das Morgenländische, Abenteuerliche nahm Besitz von mir, ich wurde gelockt, umschmeichelt und verführt von Tausendundeiner Macht.

Ich hoffte auf eine gemeinsame Zukunft. Doch Khalid ließ mich im Ungewissen, bat mich immer wieder um Geduld. Alles lag in der Luft – Inshallah. Nach Jahren der Missverständnisse, Verstrickungen und gegenseitiger Zerstörung hatte ich nur noch einen Ausweg gesehen: Fort von Khalid. Weg aus Dubai. Untertauchen! Schließlich kam alles ganz anders. Was ich nie für möglich gehalten hätte, wurde mit einem Mal zur Wirklichkeit: Plötzlich war ich mit Khalid verheiratet, konfrontiert mit einem Familienschwur, mit islamischen Gesetzen und althergebrachten Traditionen. Da wurde mir schlagartig bewusst, dass ich bis jetzt versteckt wurde, dass das auch weiterhin so bleiben würde und – dass ich *Die verbotene Frau* von Scheich Khalid war.

Während ich erzähle, füllt sich der Schreibblock des Journalisten immer mehr.

»Und was passierte dann, als Ihnen klar war, dass Sie die *verbotene Frau* sind?«

»Mehr möchte ich an dieser Stelle nicht verraten.«

»Dem stimme ich zu«, wirft mein Verleger ein, »und ich hoffe, Sie können das verstehen, denn schließlich hat Frau Wermuth ein Buch geschrieben…«

Damit war der Interviewteil beendet. Es folgen ein Fotoshooting und die Video-Reportage.

Sonntag, 27. Mai 2007
Lieber Khalid!
Wie geht es Dir und wie geht es Deiner Familie? Ich hoffe, gut… Bei mir gibt es dieser Tage so manche Aufregung… Stell Dir vor, am Freitag sind die Bücher aus der Druckerei eingetroffen!! Das Cover sieht wunderschön aus. Ich denke, Du kannst es bald im Internet sehen. Ach, ich wünsche mir so sehr, Du könntest mein Buch einmal lesen. Ich bin mir sicher, es würde Dir gefallen! All die schönen und traurigen Erinnerungen würden mit einem Mal wieder lebendig…
Morgen beginnen wir übrigens mit der Auslieferung der Bücher an die Buchhandlungen. Zu meiner Freude wurden schon ganz

Kreta, Januar 1980: Gedanken an Khalid …

1979, zurück aus England und
Warten auf Khalid

1990, kurz vor der
Trennung von Khalid

1989, Hotel Jebel Ali Dubai (Foto oben)

1989, An der Corniche in Abu Dhabi

Abu Dhabi 2011
im Palast der Fata Morgana

Mit Freundin Mali im Wüstenresort »Qasr al Sarab«

Abu Dhabi 2011: Nach dem Abschied von Scheich Khalid, Rückflug in die Schweiz

Dubai Oktober 2007

Dubai 2009: Sicht aus dem Helikopter

Dubai 2009: Verena nach dem Helikopter-Rundflug

»The World« das zweitgrösste künstliche Inselprojekt der Welt vom Helikopter aus

Verena mit ihrem Göttibub auf der Sinai-Halbinsel beim Kamel-Trekking

viele Bücher vorbestellt! Natürlich bin ich sehr gespannt, wie die Nachfrage sein wird. Ich hoffe, super... Drücke mir beide Daumen!!
Ganz lieben Gruß,
Verena

Montag, 28. Mai 2007
Liebe Verena!
Das sind ja tolle Neuigkeiten! Ich GRATULIERE Dir ganz herzlich zu Deinem Buch!!! Und natürlich drücke ich Dir fest die Daumen, dass es ein Bestseller wird ☺!! Gerade habe ich im Internet nachgesehen, aber leider noch nichts gefunden. Schade, schade... Aber ich werde ab heute jeden Tag schauen, ob ich was finde über Dein Buch! Wie lautet der Titel nochmals? Ich bin wirklich sehr gespannt auf das Cover... Sag, wie geht es Mama, wie geht es Lilian und Dagi? Was meinen die Frauen zu Deinem Buch? Würde mich schon interessieren...
Bis ganz bald, liebe Grüße an ALLE,
Khalid

Mittwoch, 30. Mai 2007
Hallo Khalid!
Wie geht es Dir? Ich habe mich sehr über Deine Mail gefreut. Danke, danke für die guten Wünsche... die tun gut. He, Du glaubst es kaum, nach der Erstauslieferung am Montag sind diese Woche schon wieder viele Bücher bestellt worden. Der Verlag meint, das wäre ein erfreulicher Einstieg!
Und weißt Du was? Ich freue mich schon so sehr darauf, wenn Du das nächste Mal nach Zürich kommst und ich Dir persön-

lich ein Buch überreichen kann. Das wird einer der schönsten Momente meines Lebens werden... Ich hoffe sehr, dass es bald klappt!
Hier also nochmals der Titel meines Buches: Die verbotene Frau – Meine Jahre mit Scheich Khalid von Dubai ☺.
Was Mama, Lilli und Dagi vom Buch halten, möchtest Du wissen? Vielleicht solltest Du die Frauen selbst fragen, wenn wir uns wieder sehen... Eines kann ich Dir heute schon sagen – sie sind beeindruckt!
Liebe Grüße von uns ALLEN,
Verena

Als die Titelstory am 4. Juni 2007 in der Wochenzeitung erscheint, ist die erste Auflage innerhalb weniger Tage ausverkauft. Ich kann es noch gar nicht fassen. Mit meinem Buch *Die verbotene Frau* hat sich mein Leben von einem Tag auf den anderen verändert. Es ist, als würde ein Orkan über mich und meinen Mann hinwegfegen. Dass die Journalisten nicht noch in meinem Garten campieren, ist nur eine Sache. Ab jetzt gehöre ich der Öffentlichkeit und solle mich bitte schön auch danach richten, teilt mir mein Verleger mit.

Doch eine solche Lebensweise entspricht überhaupt nicht meinem Naturell, denn ich bin eher etwas menschenscheu und lebe zurückgezogen. Mit solch einer Stress-Situation umzugehen wäre für mich bis vor Kurzem noch undenkbar gewesen. Nun muss ich da durch. So kommt es, dass fast bei jedem öffentlichen Auftritt vor Publikum, wie zum Beispiel bei Lesungen, Interviews, Signierstunden, etc. einiges schiefläuft. Meinen Erfolg im In- und Ausland kann ich weder richtig wahrnehmen noch genießen. Ich werde von einem Termin zum anderen geschubst und bin ständig dem Kollaps nahe. Und das, obwohl mich mein Verleger unterstützt, wo es nur geht. Das Einzige, bei dem es mir gelingt, einen Überblick und kühlen Kopf zu bewahren, ist der geschäftliche Aspekt. Ich entdecke plötzlich, wie aufregend und spannend das ganze Verlagsgeschäft ist. Von der Entstehung eines Textes über das Lektorat bis hin zur Titelfindung und der Covergestaltung. Und weiter vom richtigen Timing zur Marketingstrategie, über Networking, Verhandlungsgeschick bis hin zum Lizenzverkauf ins Ausland. Hier schlummern offensichtlich versteckte Talente in mir. Etwas, das die Zusammenarbeit mit meinem Verleger nicht immer ganz einfach macht.

Aber zurück zum 4. Juni, dem Tag, an dem meine Geschichte in besagtem Magazin erscheint. Noch bevor ich die Zeitung überhaupt zu Gesicht bekomme, läutet mein Telefon bereits Sturm. Unzählige Anrufe, Mails und Gratulationen stürmen auf mich ein. Dabei kann ich jetzt wirklich keinen Stress gebrauchen. Ich stehe mitten in der Vorbereitung für meinen ersten großen Auftritt. Übermorgen würde die Buch-Vernissage stattfinden. Schon der Gedanke daran jagt mir einen Schauder über den Rücken. Ich soll nämlich – so mein Verleger – einfach etwas aus dem »Bauch heraus« erzählen, wenn ich auf der Bühne stehe. Aber das funktioniert bei mir nicht. Ich spüre und weiß schon jetzt, dass ich allein beim Anblick des vollen Saales einen Blackout haben werde. Man muss sich das etwa so vorstellen: Im Gehirn fällt plötzlich ein schwarzer Vorhang, der sämtliche Buchstaben, Bilder und Worte unter sich begräbt. Zurück bleibt dann ein undefinierbarer schwarzer Fleck – leer, Ende, aus.

Was habe ich also für eine Wahl? Ich lege mir ein paar Worte zurecht, die ich einstudiere. Diese übe und übe ich, bis sie in meinem Gehirn tief verankert und festzementiert sind. So würde garantiert nichts und niemand auf dieser Welt auch nur den Hauch einer Chance haben, die Worte wegzupusten.

»Ach, wenn Khalid nur wüsste«, denke ich. Am liebsten würde ich ihm natürlich in den leuchtendsten Farben schildern, was hier in Zürich abgeht. Dass uns die Medien wegen ihm – Scheich Khalid – in der Tat die Tür einrennen! Oh Gott, wer hätte das je gedacht! Khalid ganz bestimmt zuletzt. Sonst hätte er mir wahrscheinlich nicht gewünscht, dass mein Buch ein Bestseller würde. Allein schon die Tatsache, dass wir im Text nicht einmal seinen Vornamen benutzen durften, lässt auf einiges schließen. Ich halte mich daher etwas zurück mit diesbezüglichen Meldungen nach Dubai, denn ich möchte auf keinen Fall, dass Khalid beunruhigt ist.

Dienstag, 5. Juni 2007, 11.15 Uhr
Hallo Khalid!
Nur ganz kurz. Ich kann es noch kaum fassen ... Von gestern auf heute ist – in einem Rutsch – fast die Hälfte der ersten Auflage meines Buches bestellt worden!!
Bis später, liebe Grüße
Verena

Dienstag, 5. Juni 2007, 15.30 Uhr
Hallo Verena!
Das ist ja wirklich unglaublich!! Es scheint, als würde Dein Buch zu einem Bestseller werden! Das sollten wir beide aber

gebührend feiern… versteht sich, mit Lilian, Dagi und Mama!
Ich freue mich jetzt schon darauf, Dich endlich wiederzusehen.
Love,
Khalid

Am nächsten Tag, dem 6. Juni, findet die Vernissage statt. Ich erwache völlig zerschlagen. Die ganze Nacht über hatte ich kaum ein Auge zugetan, so aufgeregt und nervös war ich.

»Hoffentlich gelingt es mir, ein Make-up aufzulegen, das meine nächtlichen Strapazen überdeckt«, sorge ich mich.

Mein Mann versucht mich derweil aufzumuntern. Er dreht das Radio lauter, tanzt in Unterhose und Shirt um mich herum, bis ich schließlich trotz meines elenden Zustands lachen muss. Doch schon im nächsten Moment bekomme ich wieder Bauchschmerzen. So geht das fast den ganzen Morgen. Dazwischen ruft mich Adrian an, der offenbar genauso nervös ist wie ich.

»Verena!«, dringt es durch die Leitung, »du glaubst es nicht, um 08.00 Uhr hat das Telefon geläutet – unser Buch-Auslieferer! Die Erstauflage sei ausverkauft. Sie erbitten dringendst Nachschub!«

Adrians Worte hören sich an, als kämen sie durch einen endlos langen Tunnel. Ich bin weder reaktions- noch aufnahmefähig. Alles dreht sich nur noch in meinem Kopf. Erst muss ich diesen Tag hinter mich bringen, danach kann ich weitersehen.

Als Franz endlich zur Arbeit fährt, bin ich froh, für ein paar Stunden allein zu sein. Ich versuche, mich etwas zu sammeln, lese die Texte nochmals durch und übe das Sprechen.

Schließlich rückt die Stunde der Wahrheit näher.

Ich setze mich ins Auto, fahre los und spüre, wie die ganze Schwere von mir abfällt. Der Text, den ich vortragen will, sitzt tadellos, ebenso mein schwarzes Seidenkleid und meine Haare.

In einem renommierten Zürcher Restaurant, dem Ort des »Geschehens«, werden unterdessen Apéro-Häppchen für etwa einhundert Gäste zubereitet.

Als ich um 15.00 Uhr ankomme, ist es ruhig. Die letzten Mittagsgäste waren abgezogen, das Personal in die Pause verschwunden. Inmitten des Raumes, in dem die Vernissage stattfinden soll, steht mein Verleger und macht einen etwas verlorenen Eindruck.

»Am besten legen wir gleich mal mit dem Soundcheck und dem Testen der Mikrofone los. Was meinst du, Adrian?«

»Genau das wollte ich zuvor schon ausprobieren. Aber ich konnte hier noch niemanden finden.«

Ohne lange zu überlegen, rufe ich zur Tür hinaus: »Hallo! Wir suchen jemanden, der uns mit dem Verstärker und den Mikrofonen weiterhilft.«

Wir rücken noch die Stühle und Tische zurecht, und als endlich alles am richtigen Platz steht, zeigt die Uhr 15.45 Uhr an. Wir testen noch die Mikrofone und bekommen die Funktionen des Schaltpults erklärt. Gerade als wir den Soundcheck hinter uns haben und ich meinen Text mit Mikrofon üben will, reckt ein erster Gast den Kopf durch die Trennwand. Dann gleich ein zweiter und ein dritter.

»Bitte, Adi, schick die Leute weg und schließ die Trennwand. Ich kann sonst nicht üben.«

Oh Gott, wie soll ich das aushalten! Kaum gedacht, stürmen auch schon Mama und meine Schwestern – gefolgt von einem Journalisten – herein.

»Das darf doch nicht wahr sein!«, denke ich.

»Bitte, bitte, seid so lieb und geht wieder nach draußen, ich muss unbedingt, wenigstens ein einziges Mal, den Text üben können.« Meine Stimme muss wohl sehr dramatisch geklungen haben, denn Mama wird kreidebleich. Mit besorgtem Blick macht sie kehrt. Nachdem ich den Journalisten und eine weitere Person um Verständnis gebeten habe, schiebe ich die noch immer geöffnete Trennwand mit einem Ruck zu.

Als ich das Mikrofon erneut zur Hand nehme, öffnet sich die andere Wand. Eine ganze Traube von Gästen spaziert, neugierig um sich blickend, in den Saal hinein.

»Mir scheint, das Ganze läuft uns aus dem Ruder!«, sage ich. Ich ergreife kurzerhand die Flucht durch den Notausgang.

Mein Herz rast wie wild, als ich hinter dem Gebäude, an die Hauswand gelehnt, eine Zigarette anzünde. Gleich darauf folgt mir Adrian. Noch heute kriege ich Lachkrämpfe, wenn ich an sein Gesicht denke. Mein Verleger hatte allen Ernstes gedacht, ich würde auf und davon stürmen. Nein, nein, so verrückt bin ich nun doch nicht.

Plötzlich geht die Tür auf und mein Mann tritt ins Freie.

»Schaatzi, geht es…?«

Adrian verschwindet in den Saal zurück.

»Ich brauche ganz schnell einen Drink!«

Mein Mann rast ums Haus, schickt aber vorsichtshalber meine Schwester Lilli zu mir.

»Ach, Vre, du Arme…«, schmunzelt sie. »Alle fragen nach dir, drinnen strömen die Gäste wie eine Lawine in den Saal. Das Fernsehen ist da, Journalisten, Promis und Freunde…«

Da kommt auch schon Franz mit einem Cocktailglas um die Ecke. Ich habe keine Ahnung, was für ein Getränk das ist, nehme hastig zwei, drei Schlucke, dann ist es so weit – ich muss in den Saal.

Drei Schritte nur bis zur Bühne, dann links ums Eck zum Plötzlich bemerke ich ein paar bekannte Gesichter. Es sind Freunde von uns, sie winken mir freudestrahlend zu. Seltsam, aber irgendwie beruhigt mich dieser erste Publikumskontakt.
Kücheneingang. Dort warte ich, wie abgesprochen, bis mein Verleger die Laudatio verlesen hat. Diese Ansprache dauert ungefähr sieben Minuten. Währenddessen können mich die Gäste, die am hinteren Rand der Bühne stehen, erspähen.

»Und nun begrüße ich ganz herzlich unsere Autorin Verena Wermuth, die *verbotene Frau*!«

Als ich auf die Bühne trete und das Publikum applaudiert, ist der Bann mit einem Mal gebrochen.

Ich blicke direkt in die Augen von Franz, in die unserer Freunde, und schon sprudelt es aus mir raus. (Die auswendig gelernten Sätze, versteht sich.) Aber das merkt offenbar niemand.

Am nächsten Tag war ein Bericht zu lesen, in dem stand, dass der Chef des kleinen Zürcher Verlages einen der schönsten Tage seines Lebens verbringen durfte: Die Erstauflage der Neuerscheinung *Die verbotene Frau* sei bereits vor der Vernissage ausverkauft gewesen. Am Mittwochabend, während der Vernissage des Buch-Debüts in einem Zürcher Restaurant, hätte eine imposante Gästeschar aus Showbusiness, Politik, Wirtschaft, Sport, Society und Handwerk Schlange gestanden, um sich das Buch von der Autorin persönlich signieren zu lassen...

Nie war ich müder, nie erschöpfter, aufgewühlter und glücklicher als nach diesem Tag. Als die Signierstunde zu Ende geht und die Gäste nach und nach abziehen, bin ich wie befreit. Ich verspüre einen Riesenappetit. »Nun kann ich endlich wieder essen und vielleicht sogar auch schlafen«, schießt es mir durch den Kopf. Dass unser Bücherbestand jedoch mit einem Rutsch auf Null gesunken war, hatte ich nur am Rande mitbekommen. Als Adrian beim anschließenden Abendessen mit meiner Familie und Freunden meint, wir müssen am nächsten Tag sofort eine zweite Auflage Bücher bestellen, realisiere ich erst, was geschehen ist.

»Verena, es wäre gut, wenn du dir schon einmal Gedanken über die Anzahl der Exemplare für die zweite Auflage machen würdest.«

In meinem Übermut nenne ich spontan eine Zahl.

Adrian sieht mich völlig perplex an. Dann nimmt er einen kräftigen Schluck aus seinem Rotweinglas.

»Ist doch eine ganz einfache Hochrechnung«, schmunzle ich, nun völlig gelassen. »Wir sprechen morgen darüber. Ich werde gleich nach dem Frühstück in den Verlag kommen.«

Bald darauf verabschiede ich mich, um den Nachhauseweg anzutreten.

»Khalid, Khalid, wenn du wüsstest!«, denke ich beim Einschlafen.

Am nächsten Tag treffe ich wie abgemacht morgens beim Verlag ein. Adrian sitzt bereits wie auf Kohlen. Nach mehreren Telefonaten und Mails mit der Druckerei verspricht man uns die nächste Lieferung innerhalb der nächsten zwei bis drei Wochen. Schneller ginge es leider nicht. Nun gilt es, sämtliche Buchhandlungen über die Lieferverzögerung zu informieren.

Müde und erschöpft komme ich nach einem intensiven Tag gegen 16.00 Uhr zu Hause an. Nur wenige Minuten später überrascht mich der Anruf eines Lokalsenders. »Grüezi Frau Wermuth, wir haben soeben vom Verlag Ihre Nummer erhalten...«

Bei diesem Anruf geht mir spontan der Wunsch durch den Kopf, Adrian auf der Stelle zum Mond zu schießen. Wie konnte er mir das antun? Auch noch ohne Vorwarnung, nichts. Wo er doch genau weiß, dass mir der ganze Medienrummel allmählich die Luft abschneidet. Kaum vergeht ein Tag, an dem nicht eine Anfrage für ein Interview kommt. Dass die Reporter dabei nicht noch ihre Zelte in unserem Garten aufschlagen, ist alles. Jeder will den Namen des Scheichs wissen – am liebsten mit einem Stapel Fotos dazu versehen. Dabei sind manche Reporter derart hartnäckig, ihre Taktik ausgeklügelt bis durchtrieben. Ständig muss ich auf der Hut sein.

Während des Telefonats mit der Dame des Lokalsenders versuche ich meinen Ärger geflissentlich zu verbergen. Sie ist außerdem sehr nett und einfühlsam und erklärt mir geduldig, weshalb ich ins Studio kommen soll. Außerdem hätte so mancher Künstler vor mir genau das gleiche Lampenfieber gehabt. Doch trotz des guten Zuredens der Dame war für mich klar: Keine zehn Pferde würden mich dorthin bringen können. Punkt.

Donnerstag, 7. Juni 2007, 17.15 Uhr
Lieber Khalid!
Ich weiß zwar, dass Dein Wochenende anfängt (sorry), aber ich muss es Dir trotzdem kurz mitteilen: Unser Buch ist restlos ausverkauft!! Heute Nachmittag musste der Verlag in Windes-

eile eine zweite Auflage bestellen!! Ich drehe gleich durch vor Freude...
Wünsche Dir ein schönes und erholsames Weekend,
Verena

Donnerstag, 7. Juni 2007, 17.25 Uhr
Hi Verena!
Du machst mich sprachlos...! Wie gibt es denn so was?!
Ich freue mich so sehr mit Dir!! Bitte halte mich weiter auf dem Laufenden.
Khalid

Donnerstag, 7, Juni 2007, 17.40 Uhr
Lieber Adrian!
Ich muss gestehen, es hat mich schon ein bisschen überrascht, dass dieser Lokalsender – ohne jegliche Vorwarnung von Dir – bei mir angerufen hat. Natürlich war ich so überrumpelt, dass ich der Dame gleich eine Absage erteilt habe. Abgesehen davon, dass mir ja der Mut für ein Fernseh-Interview eh fehlt...
Pass auf, wir sollten da einen gemeinsamen, vernünftigen Weg finden. Ich möchte, dass der Verlag meine Privatsphäre künftig mit allen Mitteln schützt. Ich weiß schon, Du meinst es ja nur gut... Lass uns morgen darüber sprechen, wenn ich ins Büro komme.
Ich wünsche Dir ganz einen schönen und erholsamen Abend,
Verena

Kaum habe ich diese Mail abgeschickt, tut es mir auch schon leid. Mein Verleger opfert sich wirklich auf, um dem ganzen Mediensturm beizukommen. Darüber hinaus begleitet er mich zu jedem Interview-Termin, da ich den Mut zum Alleingang nicht hätte.

Nun gut, jeder darf seinen Frust mal loswerden. Bei besagtem Sender musste Adrian wohl alles ein bisschen über den Kopf gewachsen sein. Kein Wunder, denn allein im Juli waren schließlich 14 Interview-Termine zu absolvieren…

Nach so viel Medienpräsenz ist es mit dem Einkaufen in Ruhe natürlich vorbei. Sobald mich eine Kundin oder Mitarbeiterin eines Geschäfts erkennt, geht die Tuschelei los. Manche laufen rot an im Gesicht, flüstern und zeigen mit dem Finger in meine Richtung, bevor sie auf und davon rennen. Sogar in den Umkleidekabinen bin ich nicht mehr sicher. Zugegeben, es gibt auch gute und schöne Erlebnisse. Dann nämlich, wenn Menschen auf unkomplizierte und direkte Art auf mich zukommen, mich anstrahlen und fragen: »Sind Sie nicht die Frau, die das Buch geschrieben hat?…die Frau mit dem Scheich?«

Solche Momente sind, wenn man überhaupt von »angenehm« sprechen kann, für mich weitaus erträglicher als halblaute Tuschelei. Kurz und gut: Ich bin dieser Situation nicht mehr gewachsen und wage mich nur noch mit Perücke und Sonnenbrille aus dem Haus.

Die Verkleidung ist allerdings so gut, dass mich mein eigner Verleger nicht mehr erkennt: Bei einem Treffen in der Stadt warte ich extra vor dem Café. Als ich sehe, wie Adrian den Fußgängerstreifen überquert, laufe ich ihm lächelnd entgegen, aber er geht an mir vorbei. »He, Adi, ich bin es!«, lache ich heraus. »Ab heute bin ich schwarz…«

Ja, und täglich bringt mir der Postbote wunderbare Fan-Briefe. Zu meiner Überraschung finden sich auch Zuschriften von muslimischen Frauen darunter. Eine türkische Leserin fügt ihrem Brief gar ein Geschenk bei.

Thüringen, 5. September 2007 (Namen und Orte geändert)
Liebe Frau Verena Wermuth!
Ich möchte Ihnen erst mal schreiben, wie ich zu Ihrem Buch gekommen bin. Durch die Wochenzeitung bin ich zu Ihrem Buch gekommen, ich habe an einer Verlosung teilgenommen. Leider war das Glück nicht an meiner Seite. Deshalb kaufte ich das Buch zusammen mit meiner älteren Schwester Ceylan.
Sie las es zuerst und meinte: »Ich habe mit Verena mitgelitten.« Dann las ich das Buch, ich bin 35 Jahre alt, bin Türkin und Muslimin und Mutter von zwei Mädchen und bin verheiratet. Ich meine, wir Menschen erleben alle mal eine Enttäuschung. Ob wir stark genug sind, den Strich zu ziehen? Sie haben es getan, sonst wären Sie zugrunde gegangen oder hätten Ihren Stolz gebrochen. Ich gratuliere Ihnen zu dieser Entscheidung. Der Schluss Ihres Buches hat mich erlöst, denn was ich am Anfang gelesen habe, war sehr hart gewesen...
Ich kenne diese Männer ganz gut, die anatolischen sind fast genauso wie Scheich Khalid (meine Schwester sucht und forscht im Internet, sie will den wahren Namen wissen... sie ist ganz gefangen von Ihrem Buch!)
Diese Männer sind so erzogen worden, das hat mit Islam nichts zu tun, wie Sie vielleicht wissen. »Du bist das Oberhaupt« – das ist nur schlechte Tradition, an der sich leider nichts ändert, das wird immer so bleiben.
Na ja, immer nach vorne gucken, man lernt durch Erfahrungen. Ich bewundere Ihren jetzigen Ehemann, dass er Sie bei

diesem Buch unterstützt hat. Er ist bestimmt ein guter Mann, ein guter Mensch.
Ich gratuliere Ihnen zu dieser Entscheidung nochmals. Sie sind die Siegerin und Scheich Khalid soll sich mit seinem Gewissen auseinandersetzen. Wenn meine Töchter später so eine Erfahrung machen, würde ich den Kontakt bewusst verbieten, auch wenn der Herr Khalid anrufen würde. Dem würde ich meine Meinung sagen und würde meinen Töchtern helfen, denn sie sollen nicht leiden! Ich bin in Deutschland geboren und aufgewachsen. Obwohl ich Muslimin bin und bete, habe ich von den Deutschen viel gelernt, Selbstständigkeit usw. Und von meiner Familie habe ich gelernt, konsequent zu handeln. Ich stamme aus der Schwarzmeerküste, mein Mann aus Anatolien.
Sie haben Tausendundeine Nacht gelebt wie in Ihren kindlichen Träumen. Wir haben Ihr Buch sehr gerne gelesen, denn es macht den Islam nicht schlecht wie in vielen anderen Büchern – Sie sind o.k.
Ich möchte Ihnen ein Kopftuch schenken, das können Sie, wenn Sie wollen, um Ihren Hals tragen.
Alles Gute und Liebe wünsch ich Ihnen,
Akgün Fethiye

Doch natürlich bekomme ich nicht nur positive Rückmeldungen. Von Leserinnen, die meine Zeit mit Khalid überhaupt nicht verstehen, sind auch ein paar eigenartige Briefe mit missgünstigen Zeilen dabei. So habe ich (zwangsläufig), neben meinem enormen Erfolg, der auch verdaut werden muss, wieder einmal Gelegenheit, meine Lebensgeschichte zu verarbeiten.

Mittwoch, 13. Juni 2007
Lieber Khalid!
Ich drehe gleich durch. Unser Buch hat es in die Bestsellerliste geschafft – Platz eins!!!!!!!!!

Mittwoch, 13. Juni 2007
Hi Verena!
Ich bin gerade erst ins Büro gekommen und habe Deine Mail mit den »good news« vorgefunden! Ich bin so glücklich für Dich, ich kann es kaum erwarten, bis das Buch in die englische Sprache übersetzt wird.
So, nun bist Du also eine berühmte Schriftstellerin☺! Ich bin beeindruckt …
Wie wunderbar es doch ist, dass uns das Leben die Möglichkeit schenkt, nach so vielen Jahren voneinander zu hören und einander zu schreiben …
Ich schreibe Dir diese Mail, während ein Strom von Bildern durch meinen Kopf geht – Erinnerungen an den Tag, als ich Dich zum ersten Mal sah … Das war so süß … Diese Zeit und die damit verbundenen Erinnerungen sind die allerbesten Tage meines Leben. Ich glaube, es wird sehr, sehr schwer werden, Dich wieder zu sehen (ich denke, Du weißt warum …) Wie lautet schon wieder der Titel Deines Buches? Inzwischen sollte ich es ja wirklich finden im Internet …
Nun muss ich leider an die Arbeit … Bitte gib acht auf Dich und schicke meine besten Grüße an Mama und die ganze Familie.
Khalid

Donnerstag, 14. Juni 2007
Lieber Khalid!
Deine Zeilen haben mein Herz erwärmt... Ich wollte es Dir nie sagen, aber nun sollst Du es eben wissen... Auch bei mir ist es so, dass jedes Mal ganze Ströme und Ozeane von Bildern der Erinnerung durch meinen Kopf ziehen. Am liebsten würde ich sie dann ganz, ganz fest an mich drücken und nie mehr loslassen... (Ich denke, unser Wiedersehen wird nicht einfach werden...) Aber das Schönste an meinem Buch und an dem ganzen Erfolg ist, dass wir uns wieder gefunden haben... Etwas, das uns niemand nehmen kann und das uns bis in alle Ewigkeit verbindet...
Deine verbotene Frau

Am Freitagmorgen um 09.30 Uhr klingelt das Telefon und Adrian meldet sich.

»Verena, stell dir vor, soeben hat die Leiterin eines großen deutschen Verlags bei mir angerufen. Sie haben Interesse an unserem Buch und werden sich die nächsten Tage nochmals mit genaueren Angaben melden!«

»Ich bin sprachlos, Adi...«

»Ich auch...«, sagt er und nimmt einen tiefen Zug aus seiner Zigarette.

Ich hatte gehofft, nach der Vernissage würde endlich etwas Ruhe in mein Leben einkehren, aber da hatte ich mich gewaltig getäuscht. Gerade als ich unter die Dusche will, läutet das Telefon erneut.

»So dringend wird es wohl nicht sein«, denke ich und lasse es weiterläuten. Fest entschlossen, mir diesen einen freien Tag durch nichts nehmen zu lassen, verschwinde ich unter die Dusche. Ich hatte geplant, am Nachmittag in die Stadt zu fahren, um nach einem Geburtstagsgeschenk für meinen Mann zu suchen. Danach würde ich Mama zu Kaffee und Kuchen treffen, damit wir unseren Bestseller feiern konnten.

Mein Entschluss kommt jedoch ins Wanken, nachdem ich die Nummer auf dem Display erkannt habe. Da muss ich zurückrufen.

»Adi? Hallo, ich habe gesehen, dass du mich eben angerufen hast, gibt es was Wichtiges?«

»Falls du stehst, würde ich dir jetzt raten, dich hinzusetzen...«

Mir sinkt das Herz. »Mein Gott«, denke ich, »was ist jetzt schon wieder los?« Ich habe keine Ahnung und setze mich vorsichtshalber doch auf den nächstbesten Stuhl.

»Pass auf, Verena. Ein Verlag in der Schweiz hat eine größere Menge Bücher geordert und möchte außerdem eine Sonderausgabe herausbringen. Und zwar so schnell wie möglich. Die Bestellung der anderen Bücher soll lediglich als Überbrückung dienen.«

»Das ist ja unglaublich, Adi! Die Hälfte unserer zweiten Auflage ist schon verkauft, bevor sie überhaupt gedruckt ist.«

Vor lauter Glücksgefühl machen wir Freudentänze am Telefon.

Als ich am späteren Nachmittag Mama treffe und ihr von den Neuigkeiten erzähle, gerät sie dermaßen in Aufregung, dass ihr Dekolleté bis zum Hals mit roten Flecken übersät ist.

»Hör sofort auf damit«, scherze ich, »nicht dass wir noch die Ambulanz rufen müssen!«

Bei dieser Vorstellung biegen wir uns vor Lachen, bis wir nur noch Tränen in den Augen haben. Irgendwie können wir den ganzen Erfolg gar nicht recht fassen. Wir fühlen uns, als säßen wir im falschen Film und würden uns selbst auf der Leinwand sehen.

Überhaupt ist alles so irreal: Erst stürme ich die Hitparade, dann gehen die Bücher am Lager und in den Verkaufsregalen aus, anschließend gibt es einen Verleger, der aus dem Häuschen gerät, weil ihm *Die verbotene Frau* über den Kopf wächst, geschweige denn, er Erfahrung mit Bestsellern oder Auslandslizenzen hat, sowie einen Scheich, dessen Identität es mit allen Mitteln zu schützen gilt.

Khalids Zeilen aus der Wüste bedeuten da geradezu Erholung für mich. Hier kann ich in eine andere Welt entfliehen, mein Herz und meine Seele erwärmen. Ach, die Wüste, wie gerne würde ich Reißaus nehmen und mich in den Weiten der Steppe hinter riesigen Sanddünen verstecken.

Samstag, 16. Juni 200, 13.40 Uhr
Hi Verena!
Wie geht es Dir, Du berühmte Frau ☺*? Wie schön, von Dir zu hören!! Stell Dir vor, ein Bekannter von mir rief heute aus der Schweiz an und fragte mich, wo ich zur Schule gegangen wäre!!!!!!!*
Allem Anschein nach muss Dein Buch wirklich erfolgreich sein...
Wie Du mir ja schon gesagt hast, wollen alle Leute wissen, wer dieser Scheich Khalid ist... Darum bitte ich Dich nochmals – so wie wir das schon abgesprochen haben – lass es in unseren Herzen stehen, es gehört nicht an die Öffentlichkeit... Ich wünsche Dir alles Glück mit diesem Buch und hoffe, wir werden immer in Kontakt bleiben... bis ans Ende unserer Tage...

*Schicke bitte meine liebsten Grüße an die ganze
Familie,
Khalid*

Mich trifft kurz der Schlag, obwohl ich genau weiß, dass es nichts in dem Buch gibt, was Khalid verraten könnte.

*Samstag, 16. Juni 2007, 22.09 Uhr
Lieber Khalid!
Bitte, bitte, mach Dir keine Sorge über diesen Anruf aus der Schweiz!!! Nochmals: Es gibt nichts in dem Buch, was Dich verraten könnte. Und weißt Du was! Ich bin überzeugt, dass derzeit bestimmt viele Scheichs Deines Landes danach gefragt werden, wo sie zur Schule gegangen sind… Wie ich Dir vorab schon gesagt habe, wurden im Buch alle Namen und Orte verändert. Mit Ausnahme des Hotels Jebel Ali, da, wo wir uns das erste Mal wieder getroffen haben… Was mir auch furchtbar leidtut, was aber sicher keine Bedeutung hat! Nie hätte ich gedacht, dass alles so weit gehen könnte. Es ist einfach verrückt!!! Ich kann es selbst noch gar nicht fassen… Ach, Khalid, wie sehr ich mir jetzt wünsche, Du könntest das Buch lesen – einfach um sicher zu sein, dass es nichts in dem Text gibt, worum Du Dich zu sorgen brauchst. Klar, es wird immer wieder Leute geben, die spekulieren, jedoch nichts beweisen können. Deshalb: Bitte falle nicht auf solche Tücken und Fangfragen herein… Solltest Du jemals wieder nach Deiner Studienzeit gefragt werden, lache einfach darüber… :-)))!!
Das ist alles, was ich Dir sagen kann.
Love,
Deine Verena*

Montag, 18. Juni 2007
Hi Verena!
Es ist ja so süß, wie besorgt und betroffen Du bist... Selbstverständlich vertraue ich Dir zu 100%. Nach all diesen Jahren sind wir Teil voneinander und es besteht darüber keinerlei Zweifel. Sei einfach vorsichtig, denn es gibt bestimmt Leute um Dich herum, die davon wissen... Aber das ist okay, wir können die Welt nicht kontrollieren.
Auf die eine oder andere Weise bin ich so glücklich, Teil Deines Erfolgs zu sein – und das nach all den Jahren ☺!... Natürlich habe ich keine Ahnung, was Du in dem Buch über mich erzählt hast... Ich hoffe, Du hast nur nette Dinge geschrieben ☺. Nicht etwa, weil ich möchte, dass die Menschen über Scheich Khalid nur Gutes erfahren und so... nein, nein. Du weißt, ich wollte immer ein Leben in Bescheidenheit führen... Trotz allem, was mir und meiner Familie von Gott beschieden ist... Also, eigentlich möchte ich ja wissen, was Du über mich denkst... das ist sehr wichtig für mich...
Dein Khalid

Ich bin zutiefst gerührt. Mit jeder Mail begreife ich mehr, dass ich noch immer Teil seines Lebens bin. Dabei scheint es Khalid nicht im Geringsten zu interessieren, wie viele Jahre oder Pfunde ich seit unserer Trennung zugelegt habe. Einfach unfassbar. Khalid macht mich wirklich sprachlos. Und zugleich stark. Ich spüre deutlich, wie mein Selbstvertrauen, seit wir wieder in Kontakt sind, wächst und wächst. Vermutlich hätte ich ohne ihn den Kampf, einen Verlag für mein Manuskript zu finden, nie wieder aufgenommen.

Wie dem auch sei. Was ich mit Khalid gerade erlebe, ist die

wohl wunderbarste Erfahrung, die mir – als ehemals verbotene Frau – zuteilwerden konnte.

Noch am selben Tag, bevor ich dazu komme, Khalid zu schreiben, ruft der Lokalsender erneut bei mir an. Dabei hatte ich so gehofft, man würde mich vergessen. Denn zwischenzeitlich ist der Druck von allen Seiten gewachsen. Fast täglich versucht mein Verleger, mich mit allen möglichen Tricks zu diesem Talk zu überreden. In seiner Verzweiflung verspricht er mir sogar, bis zum Schluss der Sendung meine Hand zu halten… Alle, auch Mama, ja die ganze Familie, allen voran mein Mann, versuchen, mir diesen TV-Auftritt schmackhaft zu machen. Sie wollen mich sogar allesamt ins Studio begleiten. (Na, na! Die würden sich vielleicht freuen…)

Woher ich schließlich den Mut nehme, ja, dass ich überhaupt bereit bin, mir das anzutun, das wissen nur die Götter.

Die Stunde X kommt schneller als gedacht. Schon am übernächsten Abend, am Mittwoch, dem 20. Juni, stehe ich in besagtem Studio. Die Empfangsdame bemüht sich, mich mit Drinks und Snacks zu beruhigen. »Ist alles halb so wild«, wird mir wiederholt versichert. Doch ich vernehme die Sätze nur noch wie aus weiter Ferne. Zu meiner Linken sitzt mein Verleger, der mir kurz zuvor einen Glücksbringer geschenkt hat, zur rechten Seite meine Mutter. Trotzdem man ihr die Nervosität nicht anmerkt, ist Mama mit Sicherheit so aufgeregt wie ich. Dauernd gehen Türen auf und zu. Schließlich kommen die Produzentin der Sendung, dann die Regisseurin und der Moderator, um sich bei mir vorzustellen. Ihre Stimmen dringen wie durch einen langen Tunnel zu mir – »wahrscheinlich werde ich kollabrieren«, denke ich.

Nach unendlichen Minuten der Begrüßung und letzten Anweisungen durch den Moderator werde ich in die »Maske« geführt. Dort wird mir die Blässe im Gesicht weggeschminkt. Dann geht's direkt ab, ins Aufnahmestudio. Ganz allein. Mein Herz rast, ich bekomme ein Sausen in den Ohren. Alle Kameras auf mich gerichtet... Nun weiß ich: »Wenn ich jetzt nicht sterbe, dann nie mehr.«

Bestimmt betet der Moderator im Stillen, dass er die Sendung ohne Panne über die Bühne bringt. Jedenfalls ist er total auf mich eingestellt, versucht zu helfen und mich zum Lachen zu bringen, wo es nur geht. Dem Zuschauer schildert er voller Spannung und Begeisterung, in den buntesten Farben, wie Scheich Khalid – wegen des heftigen Regens triefend vor Nässe – zum ersten Mal das Klassenzimmer betritt. Dabei wirft der Moderator seinen Kopf zurück, als wäre er Scheich Khalid persönlich, dem sein nasses Haar im Gesicht klebt.

Erst staune ich mit großen Augen, dann schüttelt es mich vor Lachen bei diesem Anblick. Genau das wollte der Talkmaster auch erreichen. Aber trotz allem: Meine Blockade war vorprogrammiert. Selbst mit der größten Anstrengung kommt nicht viel mehr als ein schüchternes »Ja« oder »Nein« aus mir heraus. Ich bin dem Moderator heute noch dankbar, dass er die Nerven behalten und so viel Einfühlungsvermögen bewiesen hat.

Wie ich von verschiedenen Leuten im Nachhinein hörte, bin ich trotz meiner Blockade offenbar gut rübergekommen. Und der Talkmaster ist auch noch am Leben...

Donnerstag, 21. Juni 2007
Hallo Khalid!
Ich lebe noch...
Weißt Du, diese Woche war sehr anstrengend, deshalb melde ich mich erst jetzt bei Dir. Fast jeden Tag geschieht etwas Neues. Gerade hat sich ein deutsches Verlagshaus gemeldet, das Interesse an meinem Buch hat... (Unglaublich!) Lieber wäre mir ja gewesen, es hätte sich ein Verlag aus London gemeldet... ☺ Ich hoffe ja so sehr, dass Die verbotene Frau bald in die englische Sprache übersetzt wird...
Nun möchtest Du also wissen, was ich in dem Buch über Dich geschrieben habe. Oh, Khalid, wenn das so einfach wäre, eine ganze Lebensgeschichte in ein paar Zeilen zusammenzufassen...
Pass auf! Das Buch erzählt von unserem Schicksal, über die Liebe und kulturelle Verpflichtung... Von den wunderschönen Anfängen, über Missverständnisse und Verstrickungen, bis hin zu der schmerzvollen (Zwangs-)Trennung in Dubai.
Also..., wenn ich jetzt mal von meinen Fanbriefen und den Leserstimmen ausgehe, dann muss ich tatsächlich nur Wunderbares über Dich geschrieben haben ☺! Da staunst Du jetzt, nicht wahr...
Trotz Schmerz und endloser Tränen waren meine Jahre mit Dir die allerglücklichsten und besten meines Lebens...
He, langsam rückt Deine Europareise mit Deiner Familie näher... Hast Du schon Pläne für Euren Aufenthalt gemacht...? Wir ALLE warten schon freudig und gespannt darauf, Dich endlich wieder zu sehen...
Love,
Verena

Kaum ist die Talksendung vorbei, strömen unzählige Anfragen von Buchhandlungen aus der ganzen Schweiz für Lesungen ein. Manche wollen *Die verbotene Frau* gleich für eine ganze Tournee durch sämtliche ihrer Filialen buchen. Wieder streike ich. Selbst nach zahlreichen Interviews mit Journalisten, dem Auftritt beim Lokalsender und der Lesung bei meiner Vernissage ändert sich nichts. Mein Problem ist nämlich keineswegs das sogenannte Lampenfieber, die Schwäche liegt ganz woanders: Ich kann mich verbal nicht ausdrücken. Egal ob am Arbeitsplatz, mit Freunden, Kindern, Nachbarn oder im Dorfladen. Es bereitet mir größte Mühe, Dinge, die ich gesehen, gehört oder gelesen habe, auch nur ansatzweise passend wiederzugeben. Das Gleiche gilt für Erlebtes – wie zum Beispiel meine Jahre mit Scheich Khalid. Selbst da gelingt es mir nicht, ein einigermaßen verständliches Bild über meine Erlebnisse zu zeichnen. Wie soll es dann erst vor Publikum glücken? Irgendwo in meinen Gehirnwindungen funktioniert eben eine Zündung nicht. Aber das war schon als Kind so. Damals sprach ich so gut wie kein Wort. Meine Eltern wurden deswegen von den Lehrern des Öfteren zur Schule gebeten. Es nützte nichts. Das Kind blieb weiterhin stumm, abwesend und in sich gekehrt. Zum Glück ist das beim Bücherschreiben anders. Da habe ich alle Zeit der Welt, um in den Gehirnwindungen nach Worten zu suchen.

Aber zurück zur Öffentlichkeitsarbeit. Mein Verleger zeigt zwar durchaus Verständnis für das Problem, findet aber, so eine kleine Lesetour in die Berge und übers Land wäre durchaus zumutbar.

Über die Geschehnisse in der Schweiz erzähle ich Khalid möglichst wenig. Schon gar nichts, was den ganzen Medienrummel anbelangt. Ich glaube, das würde ihn unnötig aufregen. Seit ich in der Talksendung war, ist ohnehin alles schlimmer geworden. Ein erneuter Ansturm von Mails für Interviewanfragen ist über uns hereingebrochen. Unter anderem auch welche von einschlägigen Boulevardmagazinen, die ich jedoch allesamt strikt ablehne. Umso größer sind sowohl meine Überraschung als auch mein Entsetzen, als ich mich einige Tage später in den Schlagzeilen genau dieses Printmediums wiederfinde. Derartige Auswüchse sind offenbar der Preis meines Erfolgs.

Da einige Reporter äußerst aufdringlich waren, bekomme ich plötzlich Angst, es könnte zu Hause eingebrochen und nach Spuren gesucht werden. In einer Nacht- und Nebelaktion bringe ich daher sämtliche Briefe und Fotos von Khalid, einfach alles, was ihn verraten könnte, an einen sicheren Ort.

Nun aber warteten Adrian und ich gespannt auf das Klingeln an der Tür. Pünktlich um 13.30 Uhr trifft die angekündigte Literaturagentin ein. Während Adrian Lachs-Canapés und eine Flasche Chardonnay auftischt, erzählt die Dame ein wenig über sich und ihren Job. Ich habe das Gefühl, sie meint, wir wollen sie umgarnen und um jeden Preis mit ihr ins Geschäft kommen. Als sie schließlich sieht, dass der Verlag ein Einmannbetrieb ist, geht sie gleich aufs Ganze. Sie versucht uns eindringlich klarzumachen, dass ohne ihr Zutun im Buchgeschäft gar nichts läuft. Die Vermarktung eines Bestsellers wäre noch immer Sache eines professionellen Literaturagenten ... Schließlich zieht sie einen Vertrag aus der Mappe und fordert Adrian auf, ihn durchzulesen.

»Verstehen Sie mich bitte nicht falsch«, werfe ich ein, »aber ich möchte zuerst mit meinem Verleger über Ihr Angebot sprechen. Verträge unterzeichnen wir generell erst, nachdem wir diese gemeinsam und in aller Ruhe geprüft haben. Nicht wahr, Adi...?«

»Aber selbstverständlich, Frau Wermuth, das ist überhaupt kein Problem«, kommt die Dame Adrian zuvor.

Am nächsten Tag überschwemmt uns die Agentin mit Informationen bezüglich bereits geleisteter, aber nicht eingeforderter Dienste, zum Beispiel mit Mail-Kopien unserer Pressemitteilung an diverse deutsche Hochglanzmagazine.

»Wow, das klingt ja unheimlich verlockend«, bemerke ich. »Aber meinst du nicht auch, Adi, wir sollten uns erst einmal anhören, was die Leiterin dieses deutschen Verlags zu erzählen hat, bevor wir hier etwas unterzeichnen?«

»Hm, gute Idee. Es dauert ja sowieso nicht mehr lange, bis wir sie sehen.«

Mittwoch, 4. Juli 2007: In einem Hotel mitten in Zürich treffen wir die Leiterin des besagten Verlagshauses. Sie kommt direkt aus München angereist.

»Ich habe Ihr Buch auf der Zugfahrt nach Zürich gelesen«, strahlt die Dame, »und ich muss sagen, ich bin beeindruckt von Ihrer Geschichte.«

Das ist doch schon mal eine sehr nette Begrüßung. Ganz anders als der Ton der Literaturagentin, die gleich mit der Tür ins Haus fiel. Jedenfalls ist der Bann gebrochen und meine Nervosität gewichen. Aus dem geplanten kurzen Treffen wird schließlich ein langes, angeregtes Gespräch. Immer schön locker und mit bayerischer Gemütlichkeit, versteht sich. Wir trennen uns mit der unverbindlichen Zusage, beiderseits über eine Zusammenarbeit nachzudenken.

Umso mehr überrascht uns der Inhalt der Mail, die ein paar

Tage später eintrifft: Der Verlag ist am Buch *Die verbotene Frau* interessiert und möchte mit uns ins Geschäft kommen. Das ist ja der absolute Hammer! Welch eine Riesenfreude, dass ausgerechnet jener deutsche Verlag, der mein Manuskript einst abgewiesen hatte, nun die Rechte für mein Buch erwerben will. So etwas muss erst mal verdaut werden.

Am 18. Juli 2007 trifft überraschend eine SMS von Khalid ein:

Hi Verena! Was denkst Du, wo ich bin?

Hi Khalid! Dubai? Vielleicht London oder Paris?

Falsch. Ich bin in Mailand… mit der ganzen Familie. Wir besuchen hier Freunde von uns und shoppen ein bisschen.

Mein Puls beschleunigt sich unwillkürlich. Khalid ist der Schweiz schon gefährlich nahe… Himmel, was tue ich bloß? Ein Treffen in Zürich wäre viel zu riskant. Sollte er so etwas planen, muss ich ihn unbedingt davon abhalten. Ich kann Khalid nicht länger verheimlichen, was hier abgeht. Der ganze Medienrummel, all die Veröffentlichungen in diversen Zeitschriften… Ich darf ihn nicht ins offene Messer laufen lassen.

Ach, wie schön, Khalid… Dann bist Du ja der Schweiz schon ganz nahe…!

Ja, meine Liebste... ich freue mich schon so sehr, Dich endlich wieder zu sehen...

Ich mich auch... mein Herz klopft schon wie wild! Mama, Lilli und Dagi können es ebenso wenig erwarten, Dich wieder zu sehen. Sie wollen unbedingt wissen, wann Du kommst!

Nach dieser SMS herrscht Funkstille. Am übernächsten Tag werde ich langsam unruhig, warte jedoch ab, was weiter geschieht. Da, endlich, meldet sich Khalid aus Paris. Ich atme auf.

21. Juli 2007
Hi Verena! Ich bin inzwischen in Paris angelangt. Hier werde ich einige Tage oder Wochen mit meiner Familie verbringen... Melde mich!!

Nun bin ich so schlau wie zuvor. Es könnte durchaus sein, wenn sich denn eine Gelegenheit ergibt, dass Khalid schon morgen in Zürich über die Bahnhofstraße spaziert. Das wäre dann alles andere als der richtige Zeitpunkt, ihn aufzuklären.

Hi Khalid! Ich hoffe, Du wirst mit Deiner Familie wunderschöne Ferien verbringen in Paris... Übrigens, ich überlege jetzt schon, auf welchem Berg wir uns treffen könnten...;-)

Matterhorn oder Jungfraujoch wäre schön!! Aber dazu wird die Zeit kaum ausreichen...

Wie es scheint, hat Khalid die versteckte Botschaft nicht im Entferntesten verstanden. Allmählich verzweifele ich innerlich.

Pass auf, Khalid. Das mit den Bergen war kein Scherz... Ich glaube ernsthaft, dass wir uns irgendwo im Geheimen treffen sollten... vielleicht in Genf... Jedenfalls weit weg von Zürich... (Sicher gibt es täglich Flüge von Paris dorthin.) Tatsache ist, dass mir die Medien, sprich Reporter und Journalisten, je länger je mehr, auf den Fersen folgen... Wie Du ja weißt, steht mein Buch seit Wochen auf Platz eins in den Bestsellerlisten. Das alles muss wohl die Folge davon sein...

Als ich diese SMS wegschicke, fühle ich mich wie befreit. Mir ist, als fiele eine zentnerschwere Last von mir. Doch wie würde Khalid auf meine Nachricht, auf meine Hiobsbotschaft reagieren? Wieder entsteht eine Pause. Dieses Mal gleich fünf Tage lang. Doch dann, mitten in der Nacht, piept mein Handy:

26. Juli 2007
Hi Verena! Kein Problem, dann treffen wir uns eben in Genf! Weißt Du was? Ich habe gestern Dein Buch bekommen!!! Ist eine lange, komplizierte Geschichte... Werde Dir alles erzählen, wenn wir uns sehen. Es ist gut aufbewahrt, in sicheren Händen... Es ist nicht hier in Paris, aber ich werde es bald zu Gesicht bekommen!

Endlich kann ich aufatmen. Für Khalid spielt es offenbar keine Rolle, ob wir uns in Genf oder Zürich treffen. Auf das Medienspektakel geht er erst gar nicht ein. »Typisch für ihn«, denke ich, »manche Dinge findet er eben nicht der Rede wert.« Nur, was schreibe ich zurück? Na, dass ich mich riesig freue, dass er mein Buch endlich zu Gesicht bekommt, was sonst! Und natürlich auf ihn.

In den drauffolgenden Tagen erreicht uns eine Nachricht des deutschen Verlagshauses mit Terminvorschlägen, um nochmals konkret über unser Buchprojekt zu sprechen. Da ich nicht weiß, ob Khalid nicht gleich in der Schweiz eintreffen wird, bin ich mit dieser Entscheidung völlig überfordert.

»Lass uns den späteren Termin wählen«, bitte ich Adrian schließlich, »bis dann sind Khalids Ferien bestimmt zu Ende.«

»Nun gut, dann bestätige ich den Termin im August.«

Montag, 30. Juli 2007
Hi Verena! Ich bin in London... allein. Gleich treffe ich mich mit einem Geschäftsfreund, dann werde ich Dein Buch bekommen!! Ich kann es kaum erwarten... Morgen früh fliege ich nach Paris zurück und am Samstag werde ich in Genf eintreffen... Inshallah!!
Melde mich. Love,
Khalid

Mein lieber Khalid! Ich bin schon total aufgeregt, habe gerade die ganze Familie alarmiert... Lilli wird mich wahrscheinlich nach Genf begleiten – Inshallah! So, nun wirst Du also endlich mein Buch sehen... Ich bin ja so sehr gespannt, was Du dazu sagst!! Das Gesicht auf dem Cover ist übrigens meines...
Bis ganz, ganz bald, Umarmung von uns ALLEN,
Verena

Eigentlich hatte ich erwartet, dass noch am selben Abend ein Feedback eintrifft. Doch Khalids Antwort lässt auf sich warten. Möglicherweise ist es am Vorabend spät geworden und nun muss er sich beeilen, um rechtzeitig zum Flughafen zu kommen. Zudem hat der London-Heathrow-Airport die Größe einer Weltraumstation und das bedeutet jede Menge Hektik. Khalid würde sich bestimmt melden, sobald er eingecheckt hat. Ich warte vergebens. Auch am Nachmittag und am Abend bleibt mein Handy stumm.

Am nächsten Tag beschleicht mich allmählich ein sonderbares Gefühl. Mama meint zwar, möglicherweise hätte es mit der Buchübergabe gar nicht geklappt und ich solle mir deshalb keine Sorgen machen. Khalid würde sich ganz bestimmt melden, sobald sich eine Gelegenheit ergab. Schließlich wäre er in Gesellschaft seiner Familie, einem riesigen Clan von Frauen, Kindern und Onkeln. Ich aber spüre, dass etwas nicht stimmt. Am Abend tue ich das, was ich längst hätte tun sollen – ich schicke Khalid eine SMS.

Es ist Schweizer Nationalfeiertag, draußen knallen und böllern die ersten Feuerwerkskörper. Eigenlich sollte ich fröhlich und gut gelaunt sein. Doch der Lärm dieser Knallkörper versetzt mir jedes Mal einen Stich ins Herz. Ich ahne Schlimmes.

Mittwoch, 1. August 2007
Lieber Khalid, hat Dich der Erdboden verschluckt?
Bitte melde Dich, ich mache mir Sorgen…

Nichts geschieht. Keine Antwort aus Paris. Ich ziehe mich derweil für ein Abendessen mit Freunden um. Wir wollen uns auf der Aussichtsterrasse eines Restaurants hoch über dem Zürichsee treffen. Von dort kann man die beeindruckenden

Feuerwerke, die traditionell an diesem Tag veranstaltet werden, besonders gut sehen. Für mich jedoch sind diese Show und der Abend gelaufen. Wenn sich Khalid bis morgen nicht melden würde, dann musste das in Zusammenhang mit dem Buch stehen. So viel ist klar. Doch was war es, was ihn verärgert oder enttäuscht hat?

Donnerstag, 2. August 2007
Khalid! Wenn ich bloß wüsste, ob Dir etwas zugestoßen ist…
Ich mache mir ernsthaft Sorgen um Dich. Bitte melde Dich,
wenn Du kannst.

Keine Reaktion. Ich fange an zu grübeln, stelle mir alle möglichen Dinge vor, die Khalid verletzt haben könnten. Auf der Rückseite des Buchdeckels steht in Fettschrift der Schlagzeile: »Verzeih mir, Khalid, ich muss dich verraten.«

Möglicherweise hat er diesen Satz durch ein Internet-Übersetzungsprogramm laufen lassen und war brüskiert, ja bodenlos enttäuscht von mir. Ich bin den Tränen nahe. Die Vorstellung, dass es sich so zugetragen hat, lässt mich verzweifeln. Denn in Tat und Wahrheit habe ich Khalid mit keinem Wort verraten. Jener Slogan diente lediglich dazu, Aufmerksamkeit und Neugierde zu wecken. So wie das eben gemacht wird beim Texten eines Buchumschlages.

Am Samstagmorgen, dem Tag, an dem wir uns in Genf treffen sollten, starte ich einen letzten, kläglichen SMS-Versuch:

Samstag, 4. August 2007
Lieber Khalid! Das kann nicht Dein Ernst sein... Ich bitte Dich, lass mich nicht derart im Ungewissen. Wenn es etwas mit dem Buch zu tun hat, dann beruht das zweifelsfrei auf einem Missverständnis! Nichts ist so, wie es scheint!! Ich habe Dich mit keinem Wort verraten.
Ach, Khalid, ich halte das nicht länger aus... es macht mich traurig, wenn Du Dich nicht bald meldest!!

Sein Schweigen ist wie ein Messer ins Herz. Vielleicht habe ich das verdient? Wenn man mir vor zwei Monaten gesagt hätte, dass mein Buch einmal so berühmt würde, Khalid es gar zu Gesicht bekäme – ich hätte es nie und nimmer geglaubt. Geschweige denn, dass uns *Die verbotene Frau* einmal zum Verhängnis werden könnte.

Ich bin völlig niedergeschmettert. Zu allem Überfluss sollte ich einer bedeutenden Zeitung ein Interview geben. Und das in meinem Zustand! Dabei sieht es nicht danach aus, als würde sich das junge, ambitionierte Redaktions-Team so schnell wieder aus dem Staub machen. Auf dem Gartentisch plazieren sie eifrig ein Aufnahmegerät, ziehen Dokumente, Schreibstifte und Blöcke aus diversen Mappen, während sich der Fotograf nach geeigneten Motiven umsieht. Dann geht's zielstrebig zur Sache. Bereits nach fünf Minuten habe ich das unangenehme Gefühl, ich befände mich mitten in einem Verhör. Und zwar auf der Anklagebank. Die Reporter mussten beim Durchkämmen meines Buches wahre Detektivarbeit geleistet haben. Denn ständig bringen sie wieder vermeintliche Ungereimtheiten zur Sprache. Womit sie natürlich auf dem völlig falschen Dampfer sind. Kurz gesagt: Diese Leute sind der Ansicht, dass *Die verbotene Frau* nichts als eine erfundene Geschichte wäre.

Warum ich diesen Zirkus mitmache und das Team nicht gleich vor die Tür setze, weiß ich nicht. Auf jeden Fall passt an diesem Tag alles zusammen.

Während der nächsten Zeit geht mir ständig durch den Kopf, wie Khalid und ich, bereits in früheren Jahren, immer wieder in Missverständnisse verstrickt waren. Allesamt Irrtümer, deren Ursache entweder auf sprachlicher oder auf kultureller Ebene zu suchen ist. Doch damals waren wir jung, jetzt sind wir reif und erwachsen. Ich meine, man sollte doch wenigstens miteinander reden können. Bei Khalid scheint dieser Fall hoffnungslos zu sein.

So bleibt mir nichts anderes übrig, als abzuwarten. Mich zu gedulden, bis er die Sache verdaut und vergessen hat. Danach würde ihn die Sehnsucht so weit treiben, dass er sich von allein wieder meldete. Genau wie früher. Mit dem kleinen Unterschied, dass alles nicht mehr so sehr schmerzte.

Der Termin mit dem Verlag in Deutschland rückt näher. Nach fünfstündiger Autofahrt finden wir uns zur festgesetzten Zeit vor dem Haupteingang des Münchner Verlagshauses. Dort werden wir ins Sekretariat gebeten, anschließend in ein Sitzungszimmer geführt. Bald darauf geht die Tür auf und einer nach dem anderen kommt herein: Lektorat, Marketing und Verkauf, Geschäftsleitung, Veranstaltungsmanagement, Sekretärin der Verlagsleitung Sachbuch… – ein rieses Empfangskomitee.

Adrian und ich sitzen da wie vom Donner gerührt. Das müssen wir erst einmal verdauen. Schließlich hatten wir nichts anderes erwartet als ein Verhandlungsgespräch mit der Verlagsleiterin, jener netten Dame, die uns vor sechs Wochen in Zürich besucht hatte. Seit ihrem Besuch hat sie sich jede Woche beim Verlag gemeldet und um ein baldiges Treffen gebeten.

Nun sitzen wir in München am Verhandlungstisch und merken, dass die Sache so gut wie besiegelt ist. Innerlich triumphiere ich vor Stolz und Freude.

Nun geht die Tür ein weiteres Mal auf. Eine Mitarbeiterin reckt den Kopf ins Zimmer und teilt uns mit, wir sollten schon mal beginnen, die Verlagsleiterin würde etwas später dazustoßen. Adrian und ich sehen uns gegenseitig an.

»Bring du vor, was du sagen willst«, flüstere ich ihm zu.

Doch dazu kommt es zunächst nicht. Stattdessen stellt jeder der Anwesenden sein Aufgabengebiet im Verlag vor. Dabei werden insbesondere die Tätigkeiten, die im Fall einer Lizenzerwerbung von *Die verbotene Frau* anfallen würden, im Detail beleuchtet. So zum Beispiel auch die Presse- und Öffentlichkeitsarbeit, die ja ganz wichtig ist und bei der ich vom Verlag jede erdenkliche Unterstützung bekommen würde. Inzwischen findet sich auch die Verlagsleiterin in unserer Mitte. Beim Thema Öffentlichkeitsarbeit lächelt sie mir ermutigend zu.

Da meint Adrian plötzlich: »Es gibt eine CD von Verenas TV-Auftritt in einer Talk-Sendung, die habe ich dabei.«

Man will die CD sofort sehen. Währenddessen begeben Adi und ich uns für eine Pause in den Hof. Wir setzen uns auf eine Bank, wieder einmal fassungslos, was uns da gerade widerfährt.

Zwanzig Minuten später treffen sich alle erneut im Sitzungszimmer. Drei der Damen stürmen begeistert durch die Tür: »Dieser Film ist der Hammer – Frau Wermuth kommt ja so super und sympathisch rüber!«

Ich fasse es nicht. Dabei hatte ich doch während der Sendung kaum mehr als ein »Ja« oder »Nein« herausgebracht? Zugegeben, allein die Mimik und die Gestik meiner Hände, die das Kamerateam eingefangen hatte, waren beeindruckend. Augen, die voll Lebendigkeit sprühten, Hände, die mehr als tausend Worte sprachen. Zumal man die *verbotene Frau* fast ausschließlich mit Zoom und in voller Nähe im Visier hatte.

Schlussendlich kommt es, nach bald dreistündiger Konferenz, zum Vertragsabschluss. Für einen Moment herrscht Stille im Raum. Dann löst sich die Anspannung und Adrian meint: »Darauf sollte aber unbedingt angestoßen werden!«

»Na klar doch«, meint die Verlagsleiterin, »der Champagner ist längst kühlgestellt.«

Am nächsten Tag, nach einem Treffen mit einem weiteren Verlag, fahren Adrian und ich zurück in die Schweiz, wo uns jede Menge Arbeit erwartet. In der Tasche haben wir zwei Verträge – ich bin unbeschreiblich stolz darauf.

In der nächsten Woche gilt es, Vorbereitungen für die Frankfurter Buchmesse zu treffen, Lesetermine und Interviews zu koordinieren. Doch allmählich wird mir alles zu viel. Ich kann und mag nicht mehr. Dabei sollte man meinen, dass sich mittlerweile eine gewisse Routine eingestellt hätte. Doch dem ist absolut nicht so. Die Aufmerksamkeit von Kameras und Journalisten bezüglich meiner Person bereitet mir, je länger je mehr, Kopfschmerzen. Zuweilen auch Schlafprobleme.

Diese jedoch könnten ihre Ursache auch in Khalids Schweigen haben. Es gibt Tage, da ist mir nur noch zum Heulen. Einerseits bin ich vom Erfolg gekrönt und andererseits zutiefst traurig und verzweifelt. Es schmerzt eben doch, und ich stehe keineswegs so über den Dingen, wie ich das gerne hätte... Auch die Berge von Tantiemen, die nun auf mein Konto hereinprasseln, ändern daran nichts. Mir ist klar, ich darf den Konflikt um Khalid nicht länger an mich heranlassen, sonst werde ich in eine Depression verfallen.

Meinem Verleger teile ich mit, dass es mir nicht möglich wäre, weiterhin im Rampenlicht der Öffentlichkeit zu stehen. Die bereits vereinbarten Termine – unter anderem eine Autogrammstunde und ein Interview – würde ich noch durchziehen, dann wäre Schluss.

Erstaunlicherweise zeigt Adrian Verständnis für die gestresste Autorin. Doch ich habe den Eindruck, dass auch für ihn der Zeitpunkt gekommen ist, an dem wieder etwas mehr Ruhe einkehren muss. Schließlich betreibt er den Verlag, dessen Programm derzeit an die zwanzig Titel umfasst, ganz allein. Eine beachtliche Leistung also.

In unserer Not setzen wir eine Presseinformation auf, in der es unter anderem heißt: *Keine Interviews möglich, da die Autorin bis auf Weiteres mit Terminen besetzt ist.* Das sollte uns erst mal etwas Ruhe verschaffen.

Am 14. September findet die besagte Autogrammstunde in einem Einkaufszentrum statt. Dass ich vorab eine kurze Episode aus meinem Buch vorlesen sollte, verriet mir Adrian eher so beiläufig. Na ja. Als ich schließlich in der Mall vor versammeltem Publikum sitze, Mama in der ersten Reihe, mein Verleger neben mir, geht ein Alarm los. Ich komme erst gar nicht dazu, die erste Zeile vorzulesen. Es lärmt und tutet ohne Unterlass. Unmittelbar hinter unserem Rücken befindet sich der Panorama-Glasfahrstuhl des Einkaufszentrums. Alles starrt in Richtung des Fahrstuhls. Offenbar war der Lift stecken geblieben und jemand hat den Alarmknopf betätigt. Vergeblich versucht Adrian, das Publikum durch lautes Rufen in sein Mikrofon zu erreichen. Schließlich bricht die Zuschauermenge in ein Riesengelächter aus. Mama krümmt es dabei richtiggehend in ihrem Stuhl. Aber das muss wohl alles so sein. Letztendlich hilft dieser Zwischenfall, die Stimmung aufzulockern und den Bann zwischen Publikum und Autorin zu brechen. Danach läuft alles ganz einfach. Ich lese, Adrian kommentiert, die Zuhörerschaft applaudiert, ich lese wieder und so fort.

»Wenn Khalid nur wüsste«, denke ich. Doch er weiß eben nicht, da wir zurzeit keinerlei Kontakt haben. Dabei werde ich gleich wieder traurig. Sein Schweigen und die Ungewissheit darüber lassen sich nur schwer ertragen.

Am 10. Oktober geht es an die Frankfurter Buchmesse. Mein Verleger findet, das wäre gerade noch tragbar für mich. Auf der Buchmesse würden wir sicher einige interessante Leute aus der Branche kennenlernen und ein gemütliches Wochenende verbringen. So seine Worte…

Während des Flugs nach Frankfurt fällt mir auf, dass Adrian nervös in seiner Mappe kramt.

»Was suchst du denn?«, frage ich.

»Na, die Liste mit unserem Programm. Ich sollte dich langsam über den Ablauf und gewisse Einzelheiten informieren.«

Ich sehe Adrian mit großen Augen an und ahne Schlimmes.

»Aber bitte, Verena, bleib ruhig, reg dich nicht schon jetzt auf. Es ist alles organisiert, es wird nur eine ganz kurze Lesung geben, bei der ich dich unterstütze, so wie wir das in dem Einkaufszentrum gemacht haben.«

Ohne Worte, wütend und gestresst, fahren wir später mit dem Taxi zum Hotel. Beim Aussteigen zündet sich Adrian eine Zigarette an: »Verena, es wird alles gut, glaub mir«, versichert er mir und zieht dabei nervös an seinem Glimmstengel.

Nachdem unser Gepäck abgeladen ist, geht es gleich weiter zum Messegelände. Im Shuttlebus werfen sich Adrian und Mama, die als seelische Stütze mitgefahren ist, abwechselnd stumme Blicke zu.

»Verena«, meint Mama, »versuch es einfach zu genießen, du brauchst sicher nichts zu tun, was dir nicht behagt.«

Da wir im Stau stehen, haben wir den ersten Termin bereits verpasst. Doch endlich liegen die großen Hallen der weltweit größten Buchmesse mit einer Viertelmillion Besuchern und circa siebentausend Ausstellern vor uns.

Über unzählige Rolltreppen, vorbei an Galerien und Tausenden von Menschen, erreichen wir schließlich den vereinbarten Treffpunkt. Dort werden wir bereits erwartet und schleunigst an unserern Stand geschubst. Wie im Rausch beantworte ich Fragen, lasse ich mich von fremden Menschen umarmen und mir die Hand schütteln. Ständig auf der Hut, nichts preiszugeben, was Khalid in irgendeiner Weise verraten könnte. Manchmal habe ich tatsächlich das Gefühl, einige Leute kämen der Wahrheit ziemlich nahe.

»Du machst deine Sache prima, halte durch«, flüstert mir Adrian immer wieder aufmunternd ins Ohr. Ich aber habe nur einen Gedanken: Rache.

Dummerweise ergibt sich dazu keine Gelegenheit, denn kurz darauf werde ich zu einem Bad in der Menge »entführt«

und unzähligen Leuten vorgestellt. Viel zu sehr überrumpelt und gehemmt, weiß ich überhaupt nicht, wem ich alles die Hand schüttle und bewege mich wie in Trance durch die vielen Menschen.

Am nächsten Tag ist mein Rachegefühl verflogen. Die besagte Lesung bringe ich hinter mich. Allerdings nicht, ohne dabei fast einen Kollaps zu bekommen. Zumindest zeitweise. Das ist dem Publikum offenbar nicht entgangen, denn am 13. Oktober war folgender Besucher-Kommentar auf der Internetseite der Frankfurter Buchmesse zu lesen:

Als Verena Wermuth aus ihrem Buch Die verbotene Frau *vorliest, merkt man ihr an, dass dies ein autobiografischer Roman ist. Dass die Gefühle echt sind und dass es der Autorin nicht leichtfiel, über ihr Schicksal und die Liebe zu einem arabischen Scheich zu sprechen. Bei dem Interview mit dem Moderator hatte ich das Gefühl, sie stünde den Tränen nahe. Ich habe mir das Buch direkt nach der Lesung gekauft und die ersten 50 Seiten auf der Heimfahrt verschlungen. Meine Meinung: Unbedingt lesen, man will es gar nicht mehr aus der Hand legen!*

Am dritten Tag geht es abends um 17.00 Uhr zurück zum Flughafen. Ich bin fix und fertig. »Bald ist es geschafft«, denke ich, »nur noch die geplante Homestory eines Lokalsenders aufzeichnen, dann hat diese Quälerei ein Ende.«

Zu Hause empfängt mich mein Mann voll freudiger Erwartung. Er hat eines meiner Lieblingsgerichte zubereitet und ich genieße es, fernab von jeglichem Rummel, im eigenen Stübchen kulinarisch umsorgt zu werden. Nach diesen stressigen Tagen bin ich ohnehin nicht mehr fähig, mich in die Gesellschaft anderer zu begeben.

Als ich mich zu Franz aufs Sofa setze, fällt es mir schwer, mich auf das Fernsehprogramm zu konzentrieren. Ständig ziehen Bilder und Ströme von Gedanken durch meinen Kopf. Zu stark sind die Eindrücke der letzten Tage, die sich in mir festgesetzt haben.

Da hilft nur eines: Ich kuschle mich an meinen Mann und lasse mich von zwei starken Armen umschließen. Tatsächlich dauert es keine fünf Minuten, bis ich einschlummere. Was jedoch nichts daran ändert, dass ich später im Bett wieder hellwach liege. Es befällt mich das typische Leiden von Leuten, die unter Stress stehen: Schlaflosigkeit.

Während einer dieser nun folgenden ruhelosen Nächte muss ich unvermittelt an Khalid denken. Drei Monate sind es nun her, seit er sich in Schweigen hüllt und ich bin überzeugt: Da stimmt etwas nicht. Plötzlich schwant mir Übles. Bestimmt hat Khalid – auch wenn das Buch für ihn nicht lesbar ist – darin geblättert. Dabei ist er vermutlich auf seine eigene E-Mail gestoßen – nämlich diejenige, die wir im Originaltext in englischer Sprache abgedruckt hatten. Und die Khalids Liebesbezeugungen Wort für Wort wiedergibt. Genau, das muss es sein. Himmel, wie konnte ich nur so blöd sein! Diese gottverdammte Mail! Warum musste ich sie auch ins Buch integrieren!

Ich springe aus dem Bett, zünde mir eine Zigarette an und überlege, was zu tun ist. Ich muss Khalid sofort schreiben, ich muss ihm erklären, wie es dazu gekommen ist und dass dahinter keinerlei keine böse Absicht von mir steckt. Mein Gott, wie verletzt er wohl sein muss! Wie endlos enttäuscht darüber, dass ich seine ganz persönlichen Gefühle so offengelegt habe.

Ob er mir das jemals verzeihen kann? Mir wird ganz schlecht bei dem Gedanken.

Ich gehe zur Küche, mache mir einen Kaffee und setze mich an den Computer. Mit klopfendem Herzen und fliegenden Fingern tippe ich folgende Nachricht ein:

Samstag, 20. Oktober 2007
Lieber Khalid!
Ich bin endlos traurig, weil ich Dich verletzt habe... Dich, das Allerliebste, was mir aus meiner Erinnerung geblieben ist. Du kannst Dir gar nicht vorstellen, welch unendliches Glück es für mich bedeutete, als wir uns vor eineinhalb Jahren »wiedergefunden« haben. Nun habe ich alles zerstört... mit einer einzigen Mail. (Ich weiß das zwar nicht genau, ich kann es nur erahnen...) Dein Schweigen läßt auf so manches hindeuten... Es ist aber auch Werkzeug der Bestrafung. Nun, vermutlich habe ich es nicht besser verdient!
Aber zumindest eine Erklärung steht mir zu. Denn wenn das nicht geschieht, und wenn Du mich nicht anhörst, bleiben wir beide für immer auf unheilvolle Weise miteinander verbunden. Und das alles aufgrund eines tragischen Missverständnisses. Möchtest Du das wirklich?
Pass auf. Vielleicht ist es der Worte zu viel, vielleicht aber auch zu wenig, und wahrscheinlich sind es nicht die richtigen...
Aber ich will es versuchen!
Ich bin voller Traurigkeit und Reue, weil ich diese wunderschönen Zeilen in mein Buch integriert habe. Ich weiß, es macht das Ganze nicht besser, aber die Idee stammt von meiner Mama. Sie war der Meinung, Deine gefühlvollen Worte würden den Schluss des Buches, der die Menschen eh zu Tränen rührt, nicht

*ganz so schwer machen. Deine Mail würde die Tränen der
Leser gewissermaßen trocknen...
Damit hatte Mama natürlich voll ins Schwarze getroffen!
Ich war völlig hin und verzaubert!!
Nun gut, jetzt fließen die Tränen eben anderswo... (Wenn Du
wüsstest, wie sehr mich alles schmerzt...)
Schlussendlich nahm ich Deine Mail zur Hand und prüfte
sie auf jedes einzelne Wort. Dabei konnte ich nichts finden, was
auch nur im Entferntesten auf Dich hingedeutet hätte. In dieser
Hinsicht bestand also absolut keine Gefahr. Ja, und viel weiter
hatte ich dummerweise nicht überlegt... Dass ich Deine
Gefühle damit verletzen, Dir wehtun könnte... all das ist mir
gar nicht in den Sinn gekommen. Geschweige denn, dass mein
Buch einmal berühmt werden könnte und es von Zehntausen-
den von Menschen gelesen würde. Nein, so etwas hätte ich in
meinen kühnsten Träumen nicht zu hoffen gewagt.
Ich bitte Dich deshalb von ganzem Herzen um Vergebung.
Ich wollte Dir nie, nie, nie, nie, nie, nie, nie, nie, nie, nie,
wehtun...
Verena*

Es folgt weder am Sonntag noch am Montag eine Reaktion von Khalid. Am Dienstag fliege ich mit dem Team des besagten Lokalsenders nach Spanien. Um nicht in Traurigkeit zu versinken, rede ich mir ein, dass Khalid sicherlich Zeit benötigt, die richtigen Worte zu finden. Was auch immer. An jenem Tag passt einfach alles zusammen. Bei unserem Abflug in Zürich zeigt sich die Herbstsonne von ihrer freundlichsten Seite. Über dem Zielflughafen Gerona dagegen hängen dicke graue Wolken. Bereits während wir unsere Mietautos entgegennehmen, fallen vereinzelt erste Regentropfen. »Na, das kann ja heiter werden«, denke ich bei mir.

Der Grund, weshalb wir meine Homestory in Spanien drehen, ist der, dass mein zweites Zuhause in Katalonien liegt, eingebettet zwischen fünfzehn Hektar Weinland und einer Bodega. Zusammen mit meinem Mann haben fünf weitere Weinfreunde dieses renomierte Weingut im Jahr 1998 übernommen. Seither verbringen wir dort mehrere Wochen im Jahr.

Da wir schon mal die Chance haben, ein Fernsehteam auf dem Weingut zu empfangen, sollten Finca und Bodega natürlich möglichst gut in Szene gesetzt werden. Das wollte die Produzentin aber partout nicht: »Keine Werbung!«, war ihr Kommentar.

Nebst den Regentropfen, die konstant vom Himmel fallen, hilft das auch nicht gerade, meine Anspannung zu lösen. Im Gegenteil, plötzlich entsteht Zeitdruck. Man hat Angst, es könnte ein Gewitter geben, bei dem wir dann, samt Fernsehkamera, Tontechnik und Moderatorin, buchstäblich im Regen stünden. Von daher bleibt mir keine Zeit, mich mit der Moderatorin abzusprechen, beziehungsweise mich auf die Fragen vorzubereiten. Schnell ein paar Pudertupfer aufs Gesicht, dann geht es los. Zu meinem Pech ist die Kameraeinstellung so, dass ich auf der rechten Seite der Moderatorin stehen muss. Ich bin aber Linkshänderin und komplett links gesteuert. Ob ich gehe, sitze oder stehe, ich nehme stets die linke Seite einer anderen Person ein. Ansonsten entsteht in meinem Gehirn Verwirrung– ähnlich wie bei einer Gleichgewichtsstörung.

Na ja. Dieses Interview ist zwar mein letzter Medienauftritt (so viel hatte ich mir geschworen), leider aber auch nicht mein bester.

Enttäuscht von mir, ziehe ich mich in mein Schneckenhaus zurück. Mittlerweile steht *Die verbotene Frau* seit vier Monaten in den Top Ten der Schweizer Sachbuch-Bestsellerliste – praktisch ununterbrochen auf Platz eins. Die beteiligten Verlage sind mit diesem unglaublichen Erfolg äußerst zufrieden.

Allerdings zeigt mein Verleger erste Anzeichen von Kraftlosigkeit und Überforderung. Man stelle sich nur vor, welch riesiger Arbeitsanfall solch ein Bestseller für einen einzigen Verlagsmitarbeiter bedeutete. Dazu noch mit einer Autorin, die keinen Schritt allein in die Öffentlichkeit wagt. Es ist wirklich nicht einfach für ihn. Umso mehr kann ich es verstehen, dass Adrian in Erwägung zieht, sich eventuell nach Neujahr eine Auszeit zu nehmen.

Ich hingegen bin längst mit dem Schreib- und Verlagsvirus infiziert. Genauer gesagt, schwirrt mir ein neues Buchprojekt im Kopf herum. Zugleich will ich aber liebend gerne, wenn Adrian für einige Wochen dem Verlag fernbleiben würde, seine Arbeit übernehmen.

Im Grunde ist mir alles recht, was mich von Grübeleien jeglicher Art ablenkt. Sei es nun mein Kopfzerbrechen über Khalid oder das Hadern mit mir selbst.

Allerdings würde der Stoff des geplanten Manuskripts nicht gerade dazu beitragen, meine Seele aufzuhellen. Es handelt sich dabei nämlich um das Down-Syndrom. An und für sich keine schwerwiegende Thematik, ginge diese Behinderung nicht allzu häufig mit einem (oft irreparablen) Herzfehler einher. Und ginge es in dem Buch nicht um Marion.

Wie der Leser vielleicht ahnt, ist Marion von ganz besonderer Bedeutung für mich. Die Kleine ist nämlich meine Nichte. Die Verbindung zu ihr ist so eng, als wäre Marion mein eigenes Kind. So viel zur Aufhellung der Seele …

Kaum hat sich das Projekt in meinem Kopf festgesetzt, beginne ich mit der Planung. Vor meinem inneren Auge sehe ich bereits das Auditorium des Kinderspitals Zürich – den Ort, wo die Buchtaufe stattfinden soll. Für mich ist klar: Dieses Buch muss die Aufmerksamkeit einer breiten Öffentlichkeit erreichen. Marions Geschichte würde all den Menschen, die mit dem Down-Syndrom geboren sind, ein Gesicht geben. Nicht zuletzt würde mein Buch dazu beitragen, Vorurteile gegenüber behinderten Menschen abzubauen. Denn Marion hatte einen inoperablen Herzfehler und bei der Geburt wurde ihr eine maximale Lebensdauer von vier bis sieben Wochen prognostiziert. Doch dank unendlicher Liebe und Fürsorge wurde sie zwölf Jahre alt und war während dieser Zeit unser Sonnenschein, der sich voller Lebensfreude auf Skiern den Hang hinunterstürzte, Rollerblades fuhr, ins Wasser sprang und Pferde ritt. Mit ihrer Kampfes- und Lebenslust wäre sie ein ermutigendes Beispiel für Menschen mit ähnlichem Schicksal.

Doch zurück zur *verbotenen Frau*: In der darauffolgenden Woche treffen gleich zwei Überraschungs-Mails ein. Nein, nein, keine davon von Khalid. Aus Dubai herrscht immer noch Funkstille. Dafür meldet sich eine Münchner Film- und Verlagsagentur, die daran interessiert ist, die Filmrechte für mein Buch zu erwerben. Mein Herz schlägt mir bis zum Hals, als ich die Zeilen lese. Während ich die Mail zum wiederholten Mal durchgehe, wird mein Lächeln immer breiter. »Himmel, ich fasse es nicht, mein Buch soll verfilmt werden – wow!«

Ich greife sofort zum Telefon und wähle nacheinander die Nummern von Mama, Franz und Adrian.

»He, bist du noch am Apparat?«, frage ich, als es zunächst stumm wird.

»Wahnsinn«, sagt Mama nur, als sie wieder in der Lage ist, sich in Worte zu fassen.

Dann brechen wir beide in ein Freudengelächter aus. Das ganze Drumherum um mein Buch ist immer wieder überwältigend. Bei den Männern fällt die Reaktion um einiges verhaltener aus.

»Ach, wirklich? Mal sehen, noch ist dein Film nicht abgedreht...«

Das Tolle an uns Frauen ist eben, dass wir so richtig glühen, schwärmen und uns für eine Sache begeistern können.

Nun aber noch zu der zweiten Überraschung: *Die verbotene Frau* würde als Audio-Version produziert werden. Und zwar mit der Stimme von Maria Becker, der »Grande Dame« des Schweizer Theaters. Ob sie wohl ahnt, dass es sich hierbei nicht gerade um einen literarischen Klassiker handelt?

Als Maria Becker zum ersten Mal bei mir anruft, bin ich erstaunt, wie sehr sie sich in mein Buch vertieft hatte. Dabei macht sie keinen Hehl daraus, dass ihr Scheich Khalid – als Mensch – um einiges sympathischer ist als eben diese verbotene Frau. Mit der kann sie sich offenbar gar nicht identifizieren. Das ist aber nicht weiter von Belang, ich finde ihre direkte Art überaus ansprechend.

Inzwischen habe ich bereits Kontakt mit dem Kinderspital Zürich aufgenommen. Der Kardiologe, der Marion zwölf Jahre lang begleitet hat, meldet sich umgehend.

Montag, 3. Dezember 2007
Sehr geehrte Frau Wermuth!
Wenn die Familie von Marion einverstanden ist, mache ich gerne ein Interview mit Ihnen und Ihrem Verleger. Wie viel Zeit schätzen Sie und in welchem Zeitraum soll das Gespräch stattfinden?...

Ich bin überglücklich – mein neues Buchprojekt steht scheinbar unter einem guten Stern. Mit dem Professor vereinbaren wir einen Termin für ein erstes Interview bei ihm im Büro.

Zudem habe ich vor, dasselbe mit Marions Mama – sprich, mit meiner Schwester Dagi zu tun. Ich will sämtliche Recherchen für das Manuskript auf einem Tonträger festhalten.

Am Freitagnachmittag derselben Woche, Punkt vier Uhr, treffen wir uns mit der Filmagentin in Zürich. Der Morgen begann neblig, windig und kalt und so bleibt es den ganzen Tag über. Ich ziehe mir Stiefel und einen warmen Mantel an und mache mich auf den Weg in die Stadt.

»Typisch bayrischer Charme«, denke ich, als wir die Agentin im Café begrüßen. Dabei stammt sie aus Baden-Baden, der berühmten Kurstadt nahe des Schwarzwaldes, wie sich später herausstellt.

Uns ist die Agentin auf Anhieb sehr sympathisch. Obwohl sie wie eine Kunstschöpferin wirkt, ist die Frau ausgebildete Juristin, leitet das Filmdepartement einer angesehenen Agentur, vertritt Drehbuch- und Romanautoren und vermittelt zwischen Produzenten und Schriftstellern.

Sie gibt uns zunächst Auskunft über das Filmgeschäft, dann

Sultanat Oman 2010: Verena beim Bummel durch die Altstadt von Muscat

2007 Beim Shooting für das Buchcover

2007: Verena mit ihrem Bestseller »Die verbotene Frau«

Ungarn 2008: TV-Interview

Vor dem TV-Auftritt: verkabeln mit dem Mikrophon

Auf der Frankfurter Buchmesse: links mit Verleger Adrian / unten mit Verenas Mutter

Die Autorin engagiert sich beim »Charity Ride-Projekt« für das Kinderspital Zürich

Signierstunde

Mit Captain Dieter Eppler bei der Buchtaufe von »Blindflug Abu Dhabi«

Bei der Buchvernissage von »Lockruf Saudia« (von links: Autorin Teresa Fortis, Verleger Adrian Suter und Autorin Verena Wermuth)

2007: Bei der Buchpremiere von »Die verbotene Frau« mit Gatte Franz

2007: Bei der Lesung an ihrer Buchvernissage

über den Fortgang einer möglichen Verfilmung von *Die verbotene Frau*. Dabei verrät sie auch, dass sie bereits einen bestimmten Filmproduzenten im Visier hat. Nämlich keinen geringeren als Andreas Barreiss, Oskar-Preisträger von »Nirgendwo in Afrika«. Adrian und mir bleibt vor Staunen fast die Luft weg.

Nach diesem Nachmittag ist für mich klar: Wenn es jemand schafft, *Die verbotene Frau* an einen Produzenten zu vermitteln, dann diese Agentin.

Als ich zu später Stunde, nach vergnüglichem Feiern und Anstoßen auf den Filmvertrag, zu Hause eintreffe, werde ich plötzlich von einem Gefühl der Leere übermannt. Wie gerne hätte ich in meiner Euphorie des Glücks eine Mail nach Dubai geschickt. Doch das geht ja nicht. Bei dem Gedanken daran treibt es mir unvermittelt Tränen in die Augen. Tränen der Enttäuschung, aber auch der Verzweiflung. Dieses Schweigen ist kaum zu ertragen. Ich fühle mich derart ohnmächtig und machtlos, als hätte man mir Hand- und Mundfesseln angelegt.

Ist es vielleicht das, was Khalid will? Bestrafung durch Kontaktverweigerung? Waren meine Worte der Entschuldigung nicht ausreichend, die Bitte um Verzeihung nicht genug?

Ich trockne die Tränen, finde jedoch, wieder mal, keine Antwort auf meine Fragen. Fest steht nur, dass mich Khalids Schweigen bedrückt, dass mein Buch seit fünfundzwanzig Wochen die Bestsellerlisten anführt, und ich unglücklicherweise nur halbwegs glücklich darüber sein kann. »Wie unsinnig«, denke ich, »so was darf einfach nicht sein.«

Ich muss die Gedanken an Khalid endlich loslassen und aufhören mit der Grübelei. Sonst würde ich noch verrückt werden. Gut, ich habe den vielleicht größten Fehler meines Lebens begangen. Aber ich habe mich dafür entschuldigt. Mein Kopfzerbrechen führt zu gar nichts – außer einem zunehmend zermürbten Zustand bei mir. Denn für Khalid liegt ohnehin alles in Gottes Hand – Inshallah. Es bleibt mir nichts anderes übrig, als auf das Schicksal zu vertrauen. Punkt.

Wenn es in meinem Leben jemanden gibt, der mich immer wieder aus den bedrückenden Niederungen herausholen kann, dann ist das Mama. Schon mit wenigen Worten gelingt es ihr oft, mein Gemüt aufzuhellen und die Welt aus einem ganz anderen Blickwinkel zu sehen.

»Ach, Verena«, lächelt sie nun altklug vor sich hin, »es ist dir sicher nicht unbekannt, dass Frauen, die einen Fehler begehen, im Islam gebührend gestraft werden. Khalid *muss* dich bestrafen, ob er will oder nicht. Täte er es nicht, würde er sein Gesicht verlieren. So ist das nun mal mit den Gesetzen und Bräuchen seiner Kultur. Dabei bin ich mir fast sicher, dass er mehr darunter leidet als du.«

Diese Bemerkung sitzt. Mama bringt es tatsächlich so weit, dass ich wieder lächeln kann und fast so etwas wie Mitleid für Khalid empfinde. »Armer Khalid«, denke ich jetzt bei mir, »möge ihm Allah beistehen, dass sein Leiden bald ein Ende hat.«

Inzwischen geht das Leben weiter. Weihnachten steht vor der Tür und damit unsere Ferien auf Teneriffa. Wie fast jedes Jahr verbringe ich mit meinem Mann und mit Freunden eine Golfwoche auf der Insel. Hier fühlen wir uns zu Hause, kennen sämtliche Golfplätze, jede Tücke und jedes Hindernis auf den Fairways. Ich komme gerade aus der Dusche, bereit, mich für das Abendessen umzuziehen, als mein Handy blinkt.

»Ja, Mama, es geht mir gut, es ist wunderbares Wetter auf der Insel! Aha… ja… nein… Wie bitte? Nein, sag so was nicht! Geht es ihm wieder besser?«

Adrian hatte wohl gestern aufgrund der permanenten Arbeitsüberlastung einen Schwächeanfall erlitten, war aber mittlerweile auf dem Weg der Besserung. Als ich Mitte Januar erstmals wieder im Verlag erscheine, teilt er mir mit, dass es ihm ernst sei mit einer Auszeit vom Verlag. Er hätte seit Erscheinen des letzten Titels im September kein neues Buchprojekt unter Vertrag genommen. Erst müsse er zu Kräften und neuem Antrieb finden, dann könne er wieder kreativ sein. Ein bisschen Meeresluft, griechische Sonne und Retsina würden ihm dabei sicher helfen.

»Wie lange gedenkst du denn wegzubleiben?«

»Na, so drei Monate… bis die Hochsaison beginnt und die Touristen im Anmarsch sind. Spätestens dann werde ich den Rückweg in die Schweiz antreten. Es bleibt uns also genügend Zeit, um dein Marion-Buch im November herausbringen zu können.«

»Und wie sieht es aus mit den geplanten Interviews mit Marions Mama und dem Kardiologen?«

»Kein Problem, Verena, da unterstütze ich dich selbstverständlich. Ich fahre ja erst in zwei Monaten weg.«

Gleich am übernächsten Tag legen wir los mit den Tonband-Interviews. Meine Schwester Dagi und Mama erwarten uns schon. Mitten im Wohnzimmer, auf dem Salontisch, türmen sich Fotoalben, Kartonboxen mit Bildern und Videofilme von Marion. Einige Fotoalben liegen aufgeschlagen auf dem Tisch. Na ja, es beginnt schon richtig traurig.

Wie unter Hypnose blicke ich auf die Bilder und Fotos von

Marion, die uns die Frauen voller Emotionen und Entzücken präsentieren. Die Kleine in bunten Jogging-Höschen, mit frechem Lächeln, die ersten Schritte übend, im Pool plantschend mit mir, schreiend vor Wonne über das aufspritzende Wasser…

Seit Marion vor sechs Jahren nach einer Notoperation im Kinderspital verstorben war, hatte ich es nicht fertiggebracht, auf den Fotos in ihre wunderschönen blauen Augen zu sehen. Außer im Schockzustand, unmittelbar nach der Beerdigung.

Aber kommen wir zurück in die Stube meiner Schwester. Ich hatte zu Hause seitenweise Fragen aufgelistet. Schließlich war nicht zu erwarten, dass es Dagi leichtfallen würde, aus freien Stücken zu erzählen. Noch dazu vor Adrian, einem ihr fremden Menschen, und mit laufendem Tonbandgerät.

Immer wieder schweifen die Frauen ab und verlieren sich in den Erinnerungen vergangener Zeiten. Adrian lässt sie gewähren. Doch um immer wieder zum roten Faden zurückzufinden, erweisen sich meine vorbereiteten Listen als sehr hilfreich.

Dann, nach zwei Stunden, ist es genug fürs Erste. Wir kommen überein, uns während der nächsten zwei Monate zweimal wöchentlich bei Kaffee und Kuchen zu treffen. Bis dahin wäre Marions Geschichte vollständig auf Band festgehalten. Natürlich würde ich meinerseits viele gesonderte Beiträge dazu schreiben und an entsprechender Stelle im Skript einfügen. Und dann gibt es ja auch noch die Titelfindung, Covergestaltung, Klappentexte, Fotos, das Interview mit dem Kardiologen, die Organisation für die Vernissage und vieles andere. Ein ganz schöner Berg Arbeit also, der da auf mich zukommen würde.

In der gleichen Woche teilt mir die Münchner Filmagentin mit, dass sie tatsächlich den Filmproduzenten Andreas Barreiss für einen Film-Options-Vertrag von *Die verbote Frau* gewinnen konnte. Das sei ein riesen Ereignis, das gefeiert werden müsse! Ich solle doch bitte zusehen, dass ich im Mai, wenn die Agentur zu ihrem Jubiläumsfest im Englischen Garten einlädt, nach München kommen könne.

Ich bin über die Maßen stolz, doch manchmal weiß ich wirklich nicht mehr, wo mir der Kopf steht. Es vergeht fast keine Woche, ohne dass sich in Sachen *verbotene Frau* nicht etwas Unvorhergesehenes ereignet. In meinem Büro stapeln sich mittlerweile haufenweise Zeitungsberichte, Fotos und Videos. Fast allesamt unberührt. Ich würde sie mir einmal zu Gemüte führen, wenn ich alt und grau war. Doch vorerst wollten »meine beiden Männer«, Franz und Adrian, mit mir im Englischen Garten das Tanzbein schwingen und den Filmvertrag feiern. Adrian will dafür eigens aus Griechenland anreisen, wie er sagt. Dabei haben sie ja keine Ahnung (ich zwar auch nicht), wie lange es dauern kann, bis ein Filmprojekt in die Tat umgesetzt wird.

Am 2. März zieht Verleger Adrian Richtung Griechenland los. Bereits am übernächsten Abend surrt mein Handy mit der Nachricht, dass er gut angekommen sei und bereits mit dem örtlichen Pfarrer bei einem Gläschen Ouzo über alte Zeiten geplaudert habe. Ich freue mich sehr für ihn und hoffe, er kann mithilfe der griechischen Sonne wieder richtig auftanken.

Einige Tage nach Adrians Abreise fängt bei mir das Chaos an. Ich bin ja auf vieles vorbereitet, aber auf eine Sache nicht: Der Filmproduzent fordert von Scheich Khalid eine schriftliche

Einverständniserklärung für die Filmadaption von *Die verbotene Frau*.

»Leider ist das eine Bedingung im Vertrag seitens des Produzenten«, erklärt mir meine Agentin. Ohne ausdrückliche Zustimmung des Scheichs wäre die Verfilmung meines Buches viel zu riskant.

Also: Ohne Unterschrift kein Film! Khalids Einverständnis ist unabdingbare Sache!

Damit ist es wohl vorbei. Aus der Traum. Ich muss erst einmal tief Luft holen. Doch da regt sich meine innere Stimme: »Nur jetzt nicht aufgeben«, ermuntert sie mich.

Nach einigem Überlegen schreibe ich deshalb zurück: »Das dürfte ein schwieriges Unterfangen werden. Wir müssen damit rechnen, dass Scheich Khalid auf unser Anliegen nicht eingehen kann. Offen gestanden habe ich wenig Hoffnung…«

»Versuchen Sie alles, ich drücke Ihnen fest die Daumen!«, kommt als Antwort zurück.

Nach einigen Tagen und ruhelosen Nächten fasse ich allen Mut zusammen und schreibe Khalid eine Mail. Ich weiß zwar, dass es zwecklos ist, diese Nachricht überhaupt abzuschicken, doch ich bin es den Filmleuten schuldig.

Samstag, 15. März 2008
Lieber Khalid!
Ich schreibe Dir diese Mail, da mein Verlag in den nächsten Tagen Kontakt mit Dir aufnehmen wird. Dabei geht es um die Verfilmung meines Buches. Du wirst ein Dokument zur Unterzeichnung bekommen, das bestätigt, dass Du keinerlei Einwände bezüglich der Filmadaption meines Buches hast. Pass auf. Ich möchte, dass Du stets weißt – auch wenn von Deiner

Seite aus Funkstille herrscht – dass ich unsere Freundschaft respektiere und immer in Ehren halten werde und dass ich niemals etwas tun würde, was Dir in irgendeiner Weise Schaden zufügen könnte.
Verena

Wie schon erwartet, bleibt jegliches Zeichen aus der Wüste aus. Trotzdem schickt mein Verleger, wie vereinbart, das betreffende Dokument, das die Münchner Film- und Verlagsagentur aufgesetzt hat, per E-Mail nach Dubai.

Mittwoch, 19. März 2008
Dear Sir, His Highness Sheikh Khalid bin Sultan Al Rashid, im Namen unseres Verlagshauses und im Auftrag der Filmagentur und mit dem Einverständnis der Autorin Verena Wermuth möchten wir Sie in folgender Angelegenheit kontaktieren…

Auch hierauf folgte keine Reaktion. Allmählich gerate ich immer mehr unter Druck. Die Münchner Agentur beginnt ständig mit neuen Vorschlägen aufzuwarten. Da sie von mir wissen, dass Khalid jeweils die Sommermonate mit seiner Familie in Europa verbringt, schlagen sie mir verschiedenste Anwaltskanzleien in Paris und London vor, in denen Khalid seine Unterschrift hinterlegen könnte. Es ist zum Verzweifeln. Und da ich letztlich nichts mehr zu verlieren habe, kommt mir die Idee, ich könnte mich via Khalids Büro an ihn wenden. Bestimmt würde das dazu verhelfen, überhaupt einmal eine Reaktion von ihm zu bekommen. Allerdings müsste ich bei der Wortwahl sehr vorsichtig sein, damit niemand einen falschen Verdacht schöpft.

Dienstag, 25. März 2008
Lieber Khalid!
Leider erhalte ich keine Antwort auf der anderen E-Mail-Adresse. Deshalb versuche ich es über diese. Das Filmprojekt, über das ich gesprochen hatte, ist uns sehr wichtig. Im Auftrag der Filmagentur und im Namen des Filmproduzenten möchte ich Dich daher um ein Gespräch bitten. Eventuell in München oder auch in Dubai. Bitte lass mich wissen, wann Du Zeit hättest und wo wir uns treffen könnten.
Verena

Ich rechne damit, dass es eventuell längere Zeit in Anspruch nehmen würde, bis diese Mail Khalid persönlich erreicht. Adrian nimmt inzwischen Bezug auf seine Anfrage vom 19. März und hakt auf diese Weise bei ihm nach. Alles umsonst. Schließlich wechsle ich vom kühlen, geschäftlichen Tonfall in die amüsante Art. Ich schreibe Khalid, dass es mich freuen würde, ihn am 15. Juli in Budapest zu sehen. Dann nämlich, wenn ich meinen Live-Auftritt im ungarischen Fernsehen hätte.

Das habe ich ja noch gar nicht erwähnt: Seit das große deutsche Verlagshaus Lizenzen ins Ausland verkaufen konnte, melden sich immer wieder europäische Verlage, die die Autorin zur Buchtaufe einladen wollen. Und mein Mann meint, Budapest wäre doch eine Reise wert. Zudem würde mich ja kein Mensch kennen in diesem Land …

Anfang Mai brannten bezüglich Khalid die Sicherungen bei mir durch. Ich schrieb folgende Mail, ohne Anrede und ohne Gruß:

Samstag, 3. Mai 2008, 11.47 Uhr
If no response, I'll come to Dubai!
Verena

Zu deutsch: »Wenn keine Antwort erfolgt, komme ich nach Dubai!«
Und damit ist es mir ernst. Todernst. Um es gleich klarzustellen: Ich will Khalid nicht nur wegen der Unterschrift zum Film sehen. Diese Angelegenheit ist mir mittlerweile nicht mehr so wichtig. Mich bedrückt viel Schlimmeres. Ich halte dieses Schweigen, die ganzen Missverständnisse einfach keinen Tag länger aus. Es muss endlich eine Aussprache geben, sonst würde ich keine innere Ruhe mehr finden.
Nachdem ich die ›Kriegserklärung‹ nach Dubai losgeschickt habe, kontrolliere ich jede Stunde, ob sich etwas tut an der Front. Dann, plötzlich, vier Stunden später, stockt mir der Atem. Eine Mail von Khalid!

Samstag, 3. Mai 2008, 16.05 Uhr
He, he, don't be crazy...

Zu Deutsch: He, he, dreh nicht gleich durch... Meine Vorahnung hatte nicht getrogen: Für Khalid waren es offenbar längst genug der Worte, er will mich sehen. Ich spüre förmlich, wie sich mein Herz auftut und der Mund zu einem Lächeln weitet.
Jedenfalls weiß ich nicht, woher ich plötzlich all diesen Mut nehme, den nächstbesten Flug nach Dubai zu buchen. Ich

werde mich tatsächlich in eine Maschine setzen, um Khalid wiederzusehen. Und das, nachdem wir uns 18 Jahre lang nicht mehr gesehen haben. Unfassbar.

Sonntag, 4. Mai 2008
Es ist mir ernst, ich habe soeben einen Flug für den 9. Mai gebucht.
Bitte teile mir mit, in welchem Hotel wir uns am besten treffen sollen, damit ich die Reservierung vornehmen kann.
Verena

Montag, 5. Mai 2008
Hallo Verena!
Ich möchte Dir das Hotel Marriott Jw Dubai vorschlagen.
Ich freue mich sehr, Dich wieder zu sehen.
Khalid

Mittwoch, 7. Mai 2008
Hallo Khalid!
Gerade habe ich die Reservierungs-Bestätigung erhalten. Ich werde im Park Hyatt logieren. Leider war im Marriott Jw kein Zimmer mehr verfügbar. Ich bin nun von Samstag, 10. Mai (Ankunft Freitag in der Nacht), bis Abflug Dienstag, 13. Mai, in Dubai. Die Handynummer, unter der Du mich erreichen kannst, lautet:…
Ich freue mich, Dich wieder zu sehen.
Verena

Donnerstag, 8. Mai 2008
Hallo Verena!
Das ist gut so. Dann werden wir uns am Sonntag um 16.00 Uhr – wenn das für Dich o.k. ist – in Deinem Hotel treffen. Leider habe ich am Samstag Gäste, die mich in Dubai besuchen kommen. Ich rufe Dich Samstag aber an, damit wir Genaueres abmachen können. Bitte bestätige mir, ob das alles okay ist für Dich.
Gruß,
Khalid

Wiedersehen in Dubai, Mai 2008

Am 9. Mai 2008 besteige ich in Zürich eine Maschine der Emirates Airline mit Ziel Dubai. Bereits beim Boarding gerate ich in Nervosität. Kaum haben die Passagiere ihre Plätze eingenommen, traut sich doch tatsächlich eine ältere Dame zu mir. Sie kommt von hinten, bückt sich zu mir herunter und sagt lächelnd: »Sind Sie nicht die Frau, die das Buch über den Scheich geschrieben hat ...?«

Ich schlucke bloß leer und lächle tapfer zurück: »Ja, ich bin die Frau.«

»Hab ichs doch gewusst«, meint sie, entschuldigt sich für die Störung und verschwindet wieder nach hinten. Ausgerechnet in der Maschine nach Dubai muss mir so was passieren. Ich stecke meinen Kopf in eine Zeitung, doch es gelingt mir nicht, mich auf den Inhalt zu konzentrieren. Ich bin viel zu aufgewühlt und zappelig. »Mein Gott, worauf habe ich mich da nur eingelassen«, denke ich plötzlich. So ganz allein, ohne meine »Bodyguards« nach Dubai zu reisen.

Als die Maschine endlich, voll beladen und bis auf den letzten Platz besetzt, zur Starbahn rollt, ist es zu spät zum Umkehren. Viel zu spät. Aus dem Cockpit ertönt die hastige Stimme des Kapitäns: »Cabin Crew, take off in two minutes!«

Gleich darauf setzt sich der Airbus in Bewegung, gleitet mit vollem Schub voran über die Piste, bis sich die 380 Tonnen schwerfällig vom Boden lösen und in den Himmel emporschwingen. Die Kabine ist geradezu von verblüffender Stille. Ich beruhige mich allmählich. Je weiter wir an Höhe gewinnen, desto mehr löst sich meine innere Anspannung.

Als das Sitzgurtzeichen verlöscht, schnappe ich mir meinen Laptop aus dem Handgepäckfach. Um die sechs Flugstunden zu überbrücken und mich etwas abzulenken, will ich an dem Marion-Manuskript arbeiten. Schließlich soll das Skript Ende August fertiggestellt sein, damit genügend Zeit für Überarbeitung, Lektorat, Covergestaltung und Druck bleibt. Am 18. November nämlich, so viel steht fest, würde die Vernissage im Kinderspital stattfinden.

Nun sitze ich also im Flugzeug nach Dubai, den Laptop auf dem Klapptisch und immer wieder schweifen meine Gedanken ab. Als ich zufällig aufblicke, lächelt mir die besagte Dame der hinteren Reihe, die offenbar bei der Bordküche darauf wartet, dass die Toilette frei wird, wieder ins Gesicht. Ich spüre, wie ich erröte und senke den Kopf. Es hat alles keinen Sinn, ich kann mich nicht in die Materie vertiefen. Entnervt packe ich den Laptop wieder ein und schließe die Augen. Der Bordservice war längst vorüber, die Kabinenbeleuchtung durch das Mood Lighting System gedimmt, die meisten Passagiere schlafen. Irgendwann schlummere auch ich ein.

Vierzig Minuten vor der geplanten Landung erscheint wie auf Kommando die Crew mit frischem Saft, Mineralwasser und dämpfenden Gesichtstüchern. Alles gerät in Bewegung. Mein Herz zieht sich zusammen. Das Licht wird auf hell gedimmt, und augenblicklich bekomme ich feuchte Hände. Es wird ernst.

Beim Blick aus dem Fenster erspähe ich unter uns die ersten

Küstenlichter von Qatar, vielleicht auch Schiffe im Meer. Aber so ganz genau weiß ich es nicht, denn ich bin viel zu kribbelig und fahrig, um mir darüber Gedanken zu machen.

Als die Maschine kurz darauf zur Landung ansetzt, wird mir geradezu schlecht vor Aufregung und Angst. Achtzehn Jahre lang haben wir uns weder gesehen noch gesprochen, und nun – Wiedersehen in Dubai! Ich musste wohl meinen Verstand verloren haben, als ich mich auf dieses Abenteuer einließ.

Die anschließende Einreise durch den Zoll und die Taxifahrt zum Hotel erlebe ich wie in Trance. Ich spüre, wie mir eine Wand feuchter Luft entgegenschlägt, in den Ohren fremde Stimmen in arabischer und englischer Sprache, das Zuschlagen von Autotüren und das für Dubai typische, ständige Summen von Generatoren im Hintergrund.

Kurz nach Mitternacht checke ich im Park Hyatt ein und eine Stunde später trifft folgende Mitteilung auf meinem Laptop ein:

Samstag, 10. Mai, 01.15 Uhr
Hallo Verena, willkommen in Dubai! Ich freue mich sehr,
Dich am Sonntag wieder zu sehen. Alles Weitere später.
Ich rufe Dich heute Nachmittag an. Bis dann, genieße Deinen
Tag! Khalid

Als ich die Worte lese, ist mir, als stünde Khalid direkt in meinem Zimmer. Verwirrt sehe ich vom Bildschirm auf, in Richtung Flur, zu den Schränken und zu den Vorhängen hinter meinem Rücken. Doch alles ist still, nichts bewegt sich. Ich stehe auf und gehe ins Bad, um mir die Zähne zu putzen und mein Gesicht zu waschen. Als ich aufschaue, blickt mir ein verstörtes Gesicht entgegen. Auf der einen Seite wünsche ich mir nichts sehnlicher, als Khalid endlich wieder zu sehen – auf der anderen Seite habe ich nahezu panische Angst davor. Angst, mich wieder ins Chaos zu stürzen, mit den Gefühlen nicht fertigzuwerden.

»Du hast es so gewollt, oder?«, meldet sich da meine innere Stimme und redet mir gut zu: »Beruhige dich, noch bleibt dir genügend Zeit, um dich innerlich zu sammeln. Diese Wiederbegegnung ist wichtig. Für beide. Sie wird letztlich dazu beitragen, ein schmerzhaftes Kapitel abschließen zu können.«

Im Bett liege ich stundenlang wach. Als ich das letzte Mal im Zimmer umherwandle, einen Blick zwischen die Verdunkelungsgardinen werfe, wird es draußen bereits langsam hell. Unter meinem Fenster schaukeln die Yachten im Wasser. Danach muss ich tatsächlich in den Tiefschlaf gefallen sein, denn das Klingeln des Zimmertelefons reißt mich aus meinen Träumen.

»Guten Nachmittag Frau Wermuth, hier spricht ihr Gästeservice...«

»Danke, alles bestens. Nein, im Moment benötige ich keine frischen Tücher, kein Zimmermädchen und keine Tischreservierung.«

Kaum bin ich aus dem Bett gestiegen, ist die Nervosität wieder da. »Bestimmt wird Khalid gleich anrufen«, schießt es mir durch den Kopf. In Gedanken forme ich Worte und Sätze, aber natürlich kommt alles anders als gedacht. Khalid ruft erst gegen vier Uhr an.

»Hi Verena, ich hoffe du konntest dich inzwischen gut erholen... He, es ist so seltsam und gleichzeitig einfach wunderbar, deine Stimme zu hören... Ach, wie oft hatte ich doch versucht, bei dir anzurufen, aber du wolltest mich nicht sprechen... Sag, wie geht es dir! Wie geht es deiner Mama, Lilian und Dagi...«

Khalid sprudeln die Worte nur so heraus. Er ist voller Freude, dass ich nun in Dubai bin, ganz in seiner Nähe, und er mich in wenigen Stunden sehen würde. Sozusagen in exakt vierundzwanzig Stunden.

Nach diesem ersten Gespräch ist der Bann gebrochen, meine Panik verflogen. Es ist gerade so, als hätte es die achtzehn Jahre, die zwischen unserer Trennung liegen, gar nie gegeben. Eine zentnerschwere Last fällt von mir ab.

Und überhaupt, es bleibt mir ja mehr als genügend Zeit, mich hübsch zu machen und die passende Garderobe auszuprobieren. Vielleicht war es auch das, was Khalid beabsichtigt hatte, als er den Sonntag für unser Treffen vorgeschlagen hatte. Keinen Stress, alles ganz entspannt. Wenn das nur so einfach wäre...

Am nächsten Nachmittag, ziemlich genau um vier Uhr, läutet mein Handy: »Verena, ich bin unten in der Lobby und warte auf dich. Genauer gesagt, sitze ich in der Lounge, gleich um die Ecke.«

Beklemmt und mit mulmigem Gefühl im Bauch steige ich in den Lift und fahre nach unten. Schnell ein letzter Blick in den Spiegel. »Khalid würde überrascht sein bei meinem Anblick«, denke ich. Ich trage das schwarze Seidenkleid, einen ausgefallenen Zweiteiler aus körperbetontem Top mit knöchellangem Jupe und aufgenähten Volants, dazu eine flache Sandalette.

Als ich nun, wie geheißen, auf die Lounge zusteuere, den Blick geradeaus gerichtet, kann ich Khalid zunächst nirgendwo sehen. Erst als ich eintrete und an einer Trennwand zu meiner linken Seite vorbeigehe, vernehme ich Khalids »Hello Verena!«.

Ich wende mich um und kann kein einziges Wort herausbringen. Vor mir, nur drei Meter entfernt, sitzt Khalid in einer schneeweißen Kandora auf dem Sofa, breitbeinig und angelehnt an bunte Kissen. Ihm gegenüber zwei mir fremde Männer, die in den bereitstehenden Sesseln Platz genommen haben. Der eine trägt Anzug mit Krawatte, der andere, wie Khalid, das einheimische Gewand.

Während ich noch voller Überraschung auf die fremden Gesichter blicke, steht Khalid schon mit ausgebreiteten Armen da und begrüßt mich. Dann meint er: »Darf ich vorstellen, das sind mein Rechtsberater und mein Sekretär. Nun erzähl den Männern einmal den Grund, weshalb du nach Dubai gekommen bist.«

Völlig perplex blicke ich Khalid nur fragend und mit riesengroßen Augen an. Er kann sich ein Schmunzeln kaum noch verkneifen. Ich spüre sofort, dass ich als »offizieller Besuch« gelte. Da Emotionen zwischen Mann und Frau in der Öffentlichkeit des arabischen Kulturkreises tabu sind, ist diese Art der Wiederbegegnung für Khalid und mich ganz normal. Dass er scheinbar seine Entourage in unsere Liebesgeschichte eingeweiht hat, macht mich allerdings mehr als sprachlos.

»Setz dich erst mal, Verena«, meint er schließlich. Während ich den Platz auf dem Sofa zu seiner Seite einnehme, strahlt er mich aus ganzem Herzen an. Khalid sieht schlichtweg umwerfend aus.

»Weißt du, Verena«, erklärt er nun und deutet mit breiter Geste um sich, »diese beiden Männer kennen unsere ganze Geschichte, sie wissen alles über uns beide.« Als ich sie anschaue, nicken die beiden bejahend.

Mein Blick wandert zurück zu Khalids Augen. Ich will nicht glauben, was ich da eben gehört habe. Schließlich fordert er mich ein zweites Mal auf: »Nun erzähl den Männern also, weshalb du hier bist, Verena.« Sprach's und nickt mir dabei ermutigend zu.

Gespannt richtet sich die gesamte Aufmerksamkeit nun auf mich. »Himmel, Khalid«, denke ich, »darauf hättest du mich auch vorbereiten können!« Da komme ich in der Annahme nach Dubai, dass wir uns aussprechen, lege mir Worte zurecht, und nun das hier. Das war ja wieder einmal so typisch für ihn. Nie wusste man, was einen erwartete. Nichts hatte sich verändert in den achtzehn Jahren. Außer, dass Khalid noch viel männlicher und sehr viel attraktiver geworden war.

»Nun also, ich bin hier, weil mein Buch *Die verbotene Frau*, das die Geschichte von Khalid und mir erzählt, verfilmt werden soll. Und da die Produzenten nicht ohne Einverständnis und schriftlicher Unterzeichnung von Scheich Khalid handeln wollen, müssen wir das nun hier besprechen.«

Die Männer sehen mich groß und staunend an, als käme ich geradewegs vom Mond zur Erde. So etwas war ihnen wohl noch nie untergekommen. Schließlich waren sie es gewohnt, sich mit Verträgen von Banken, Bauherren, Reedereien und dergleichen auseinanderzusetzen.

»Na, was meinst du dazu?«, wendet sich Khalid an seinen Rechtsberater.

»Ich meine, dass wir solch einen Vertrag jederzeit gerne prüfen können.«

»Hast du die Dokumente dabei, Verena?«

»Auf dem Zimmer, ja.«

»Möchtest du sie vielleicht holen, dann könnte sich mein Anwalt die Papiere einmal ansehen?«

Als ich mit dem Umschlag zurückkehre, steht eine weitere Person bei unserem Tisch. Khalid macht mich kurz mit dem

Herrn, einem französischen Architekten, bekannt und fügt an, dass wir uns beim Abendessen wieder sehen würden. Demnach gäbe es kein trautes Alleinsein mit Khalid. Aber hatten wir das überhaupt schon einmal? Nein. Hatten wir natürlich nicht. Schon früher begab sich Khalid ausschließlich in Begleitung seiner Entourage in die Öffentlichkeit. Etwas, das mich bereits damals gewaltig genervt hat.

Während der Rechtsanwalt nun in den Vertrag der Münchner Filmagentur vertieft ist, fallen immer wieder vertraute Blicke zwischen Khalid und mir. Da ist etwas, was uns verbindet, etwas, wofür es gar keine Worte gibt. Doch natürlich sprechen wir auch miteinander ... England! Immer wieder schwelgt Khalid in unseren gemeinsamen Erinnerungen, hauptsächlich aus der Zeit in Südengland. Dabei lässt er aber während der ganzen Plauderei niemals die Umgebung außer Acht. Immer wieder schweifen seine Augen prüfend umher. Seine weiße Kopfbedeckung trägt er tief ins Gesicht gezogen. Er riskiert offensichtlich einiges für mich.

Mittlerweile werde ich mit mehreren Geschäftsleuten und deren Frauen bekannt gemacht. Khalid schickt sie alle an einen entfernten Nebentisch. Wir würden später gemeinsam Essen gehen, erklärt er mir. Seinen Sekretär schickt er mit der Aufgabe, die Leute zu unterhalten, hinterher. Ich staune nur noch. Khalid gibt mir nicht nur das Gefühl, etwas ganz Besonderes zu sein, sondern zeigt auch allen, wer heute die wichtigste Person in der Gemeinschaft ist. Er, der einst schüchterne Englischstudent, mit dem ich mein Pausenbrot und das Klassenpult teilte. Diese Situation ist derart komisch, dass es mir Mühe bereitet, mein Lachen zu unterdrücken.

Aber um auf den Vertrag zurückzukommen: Khalid meint, sein mündliches Einverständnis zu dem Film hätte ich auf jeden Fall. Ob er allerdings seine Unterschrift auf ein Papier setzen würde, das müsse noch genauer überprüft und bedacht werden.

Bald darauf gehen wir nebeneinanderher die Treppe zum Restaurant hinunter. Hinter uns das Gefolge von etwa acht bis zehn Leuten. »Mein Gott«, denke ich, »wie muss sich Khalid angestrengt haben, um innerhalb von wenigen Tagen solch ein Kommando aufbieten zu können.«

Und das alles, damit er sich mit mir treffen kann, ohne irgendwelches Aufsehen zu erregen. Offiziell werde ich als Khalids Gast und gute Bekannte aus früherer Studienzeit vorgestellt. Für gewöhnlich würden mein Mann und ich gemeinsam nach Dubai reisen, diesmal hätte er jedoch aus geschäftlichen Gründen kurzfristig absagen müssen. Ich bin mir nicht ganz sicher, ob uns die Leute das auch abnehmen. Denn je länger der Abend, desto mehr Gläser Bordeaux leeren Khalid und ich miteinander. Da wir uns direkt gegenübersitzen, entgeht wohl niemand, wie heftig die Funken unserer Augen über den Tisch springen und mit welcher Hingabe sich der Gastgeber während des ganzen Essens um mich kümmert. Kurz vor elf Uhr, nachdem Khalids Sekretär die Rechnung beglichen hat, brechen wir auf. Wir spazieren alle zusammen Richtung Lobby, wobei Khalid mich völlig im Ungewissen lässt, ob wir uns nochmals sehen würden. Meine Nerven sind zum Zerreißen gespannt. Doch dann, noch bevor alle Leute verabschiedet sind, bittet Khalid seinen Sekretär, einen Augenblick zu warten.

»Ich begleite Verena kurz zum Aufzug«, sagte er so, dass es alle hören können.

Während Khalids Schnellgang bis zum Lift sprechen wir kein Wort. Als er stehen bleibt, beiße ich mir nervös auf die

Lippen und starre ihn an. In einem Anflug von Courage ergreift er meine Hände und sagt ruhig: »Ich werde dich morgen anrufen, o.k.?«

Mein Herz scheint aus der Brust zu springen, meine Knie zittern. Ich bin völlig durcheinander und nicke nur. Damit macht er kehrt. Als ich über meine Schulter blicke, ist er schon fast verschwunden. »Mein Gott«, denke ich, »seine Aura ist einfach umwerfend.«

Am Nachmittag des nächsten Tages treffen wir uns zur selben Zeit am selben Ort. Ich hoffe, er würde allein kommen, damit wir endlich ungestört reden könnten.

Als ich aus dem Fahrstuhl steige, sehe ich Khalid schon von Weitem. Er kommt mir ganz ernst und würdevoll entgegen und trägt etwas Kleines in der Hand. Als er nahe genug bei mir ist, öffnet er lächelnd die Hand.

»Ein Andenken an Dubai, aber stecke es bitte schnell in deine Handtasche.« Vor Rührung stehe ich wie angewurzelt. Doch mir bleibt nicht viel Zeit, denn schon zieht Khalid mich am Arm, um weiterzugehen.

»Pass auf, Verena, ich bin nicht allein, mein Sekretär ist dabei. Aber er wird an einem Nebentisch sitzen, damit wir beide ungestört miteinander reden können.«

Ich atme erleichtert auf. Khalid merkt das und versucht, ein ernstes Gesicht zu machen, aber die dunklen Augen leuchten auf vor innerer Freude und Erwartung.

Vor uns, an der Ecke zur Lounge, steht der Sekretär auf seinem Posten. Er begrüßt mich mit einem Kopfnicken, dann gehen wir wortlos die Treppe zum Beachclub hinunter. Vor Aufregung beben mir die Knie. Mir ist alles etwas unangenehm. Die Situation erinnert mich stark an früher, als ich Khalids *verbotene Frau* war. Nichts hatte sich geändert seither. Nur dass ich heute älter und erfahrener bin und über manchen Dingen stehe. Ich kann Khalids Gründe für seine Diskretion jedoch sehr wohl verstehen. Immerhin steht für ihn eine Menge auf dem Spiel.

Rund um uns steht alles leer. Touristen gibt es in dem Restaurant keine und Einheimische halten sich bei dieser Hitze nicht draußen auf.

Während wir nun die Menükarte überfliegen, spüre ich Khalids Seitenblicke. Verlegen schaue ich auf. Wir sitzen an einem runden Tisch, Khalid zu meiner Rechten.

»Rot und schwarz sind meine Lieblingsfarben«, meint er. (Gestern war ich schwarz, heute in Rot gekleidet.)

Beschämt senke ich den Blick, da ertönt an meiner Seite ein freies, heiteres Lachen. Das ist Khalid. Er will mich herausfordern und versucht, die Anspannung, die in der Luft liegt, mit Humor zu verscheuchen. Als ich dann sprachlos bin und er meine Verlegenheit bemerkt, bietet er mir eine Zigarette an, indem er mein silbernes Etui aufklappt und mir hinhält.

Während des Essens stochern wir beide nur im Teller herum. Ich fächle mir unentwegt Luft zu – nicht wegen der Hitze, sondern weil ich so aufgeregt bin. Khalid kommt plötzlich auf die Mail zu sprechen, die ich in meinem Buch abgedruckt hatte. Er wirft mir vor, wie sehr ich ihn verletzt und ihm wehgetan hätte, als ich seine intimsten Gefühle offengelegt habe.

»Warum weinst du jetzt?«, fragt er.

Ich schäme mich, wische die Träne schnell aus dem Auge. »Du und ich, wir sind eins. Ich kann dir gar nicht wehtun, ohne mich selbst zu verletzen.«

Dem Sekretär ist es längst peinlich, er spürt die Emotionen am Nebentisch und dreht uns mittlerweile den Rücken zu. Gelegentlich steht er auf, geht nach draußen und checkt die Lage, ob irgendwo Gefahr lauert, dann kommt er wieder. Wenn er mit Khalid spricht, dann nur via Handy. Und das, obwohl wir keine fünf Meter voneinander entfernt sitzen.

Khalid drückt meine Hand: »Ich weiß, dass das keine böse Absicht war von dir, ich habe dir längst verziehen.«

Dann lächelt er wieder und beginnt, in alten Erinnerungen zu schwelgen.

»Als ich dich in England bei Nacht zu deiner Gastfamilie begleitete, war ich so nervös wie in der ersten Koranstunde ...«

Am Ende sitzen wir beide mit feuchten Augen da, gefangen in unseren Erinnerungen an England, die USA, Dubai und Ägypten. Wir rollen die gesamte Vergangenheit auf, klären sämtliche Irrtümer und Missverständnisse. Abwechslungsweise müssen wir lachen, dann wieder eine Träne wegwischen. Dass mich Khalid, als er das erste Mal in die Schweiz kam, zu sich in die USA mitnehmen wollte, erfahre ich erst jetzt. (Damals hatte ich ja vorher bereits alles vermasselt.) Die Vorstellung darüber betrübt mich besonders, denn ich weiß, damit wäre in unserem Leben vieles anders gekommen. Vielleicht hätte sich Khalid dort von den Fesseln seiner Heimat befreien und der Liebe folgen können. Doch nun ist es zu spät, sich Gedanken darüber zu machen.

»Versprich mir eines, Verena, lass uns von nun an immer offen und ehrlich miteinander sprechen. Wir sind ja nun reifer und erwachsener geworden und können das auch. Es darf nie, nie wieder passieren, dass wir uns in Missverständnisse verstricken, hörst du! Das Leben, das uns noch bleibt, ist viel zu kurz.«

Ich verspreche es.

»Und wenn es einem von uns beiden schlecht geht, wenn er krank ist, einen Unfall hatte oder gar im Sterben liegt, dann muss das der andere wissen.«

Er sieht mir dabei fest ins Gesicht.

»Nicht wieder traurig sein, Verena, ich will das nicht«, dringt seine ermahnende Stimme zu mir durch.

»Ach, weißt du Khalid, ich bin längst schon gestorben, als wir uns trennen mussten ...«

»Und ich muss wohl, von dem Augenblick an, als ich dich zum ersten Mal gesehen habe, meinen Verstand verloren haben.«

Khalids Blick ist stur geradeaus, über den Dubai-Creek gerichtet, als er das sagt. Für einen Moment herrscht blanke Stille. Dann, als sich unsere verwunderten Blicke treffen, bemerkt er: »Du lachst ja gar nicht, wie das?«

»Nein, ich weine eher.«

Khalid seufzt. »Diese Liebe ist schwierig, aber sie ist echt.«

Damit hat er die Sache auf den Punkt gebracht. Dem ist nichts hinzuzufügen.

Wir blicken eine Zeit lang, jeder in sich versunken, über das Wasser. Mittlerweile haben sich einige Gäste zum Abendessen um uns geschart. Khalids Sekretär wacht noch immer mit Argusaugen über unser Revier. Dabei fällt mir auf, dass er immer unruhiger wird. Er steht des Öfteren auf, geht zum Hoteleingang, kommt zurück und setzt sich wieder. Es sieht ganz danach aus, als wäre es vorbei mit der Ruhe und Beschaulichkeit. Khalid bittet schließlich über seinen Sekretär um die Rechnung – via Handy, von Tisch zu Tisch, versteht sich. Währenddessen schreibt er mir alle möglichen Tefonnummern auf, über die ich im Notfall an ihn oder an seine engsten Mitarbeiter gelangen könnte.

»Khalid?«

»Ja?«

»Es wird wohl schwer werden für uns, wenn ich morgen...«

»Sag das bitte nicht! Es gibt keinen Grund zu Traurigkeit, wir sollten überglücklich und dankbar sein, dass uns das Leben am Ende wieder zusammengeführt hat.«

»Ich trage die Kette, die du mir vor 23 Jahren geschenkt hast, immer noch...«

»Psst!« Khalid legt den Zeigefinger an den Mund. »Versprich mir einfach, dass wir uns für den Rest unseres Lebens nie mehr wieder aus den Augen verlieren werden. Kannst du das?«

Ich verspreche es.

»Und du versprichst mir, dass mein Buch verfilmt werden darf«, zwinkere ich.

»Verena, wenn es dich glücklich macht, dann werde ich diesem Film zustimmen. Dass ich meine Unterschrift auf ein Dokument setze, könnte allerdings schwierig werden. Ich muss das erst noch mit meinen Anwälten besprechen.«

Als wir uns kurz darauf in die Hotelhalle begeben, heißt Khalid seinen Sekretär, einen Moment auf ihn zu warten. Ich habe keine Ahnung, was nun geschehen wird. Khalid begleitet mich zum Lift. Als sich die Tür öffnet, deutet er mir an einzusteigen. Ich sehe ihn fragend an. Er folgt mir in den Fahrstuhl, drückt den Knopf zur zweiten Etage. Mein Herz pocht wie wild. Wir bringen beide keinen Ton heraus. Oben angekommen, gehen wir wortlos nebeneinanderher, die weiten Gänge entlang. Vor meiner Zimmertür sehen wir uns in die Augen. Khalid ergreift meine Hände und fragt: »Wirst du mich auch wirklich nicht vergessen?«

Dann umarmen wir uns innig. Khalid nimmt mein Gesicht

in seine Hände und küsst mich auf die Stirn. Dann macht er sogleich kehrt und geht in schnellen Schritten davon. Es tut so weh, ihn wegeilen zu sehen. Aber ich weiß, es ist gut so.

Im Zimmer öffne ich als Erstes Khalids Geschenk. Ein kleines Kristall-Flacon kommt zum Vorschein, dessen Inhalt ich sofort erkenne. Es ist unser gemeinsamer Duft, das Amouage. Eingehüllt in einen Nebel von Weihrauch, Myrrhe und Amber, schließe ich die Augen und lasse die Bilder des Tages an mir vobeiziehen. »Morgen ist alles nur noch Erinnerung«, denke ich und könnte dabei in Tränen ausbrechen.

*

Wieder zu Hause, holt mich schnell der Alltag ein. Ich komme kaum zum zum Nachdenken. Die Ereignisse überschlagen sich fast täglich und die Arbeit am Manuskript nimmt mich voll in Beschlag. Der Koffer ist noch nicht mal ausgepackt, da meldet sich schon meine Filmagentin und erkundigt sich, ob Scheich Khalid das vorformulierte Schreiben unterzeichnet hat.

»Mein Gott«, geht es mir durch den Kopf, »sie haben ja alle keine Ahnung, welch ein schwieriges Unterfangen das ist.« Ich schreibe zurück, dass die Gespräche in Dubai positiv verlaufen seien und wir uns glücklich schätzen könnten. Scheich Khalid hätte sich bereit erklärt, einer Verfilmung des Buches zuzustimmen. Ob es für ihn nicht zu riskant ist, seine Unterschrift auf ein Dokument zu setzen, möchte er erst noch von seinen Anwälten prüfen lassen. Unser Hauptziel wäre damit erreicht, der Rest nur noch Formsache.

Inzwischen fliegen immer wieder sehnsüchtige Worte zwischen Dubai und der Schweiz hin und her. Khalid schreibt, dass es für ihn das größte Glück seines Lebens war, mich wieder sehen zu dürfen.

Dienstag, 27. Mai 2008
Lieber Khalid!
Ich bin ja so froh darüber und glücklich, dass die besagte Mail aus dem Buch entfernt wird. Das deutsche Verlagshaus hat sich damit einverstanden erklärt. Ich fahre übermorgen nach München, um alles zu regeln. Natürlich habe ich mich mit meinem Anliegen nicht gerade beliebt gemacht... Aber das ist mir egal! Für mich zählst nur Du...

Sonntag, 1. Juni 2008
Liebe Verena!
Alles, was ich dazu sagen kann ist THANK YOU. Wirklich, ich danke Dir so sehr... Ich hoffe, wir können uns bald wieder sehen. Und bitte, lass uns nie wieder in ein Missverständnis verstricken...

Mein Verleger, immer noch in Griechenland, lässt mir inzwischen keine Ruhe. Seine Stimme klingt am Telefon völlig kraft- und energielos und ich mache mir große Sorgen um ihn. Erst als ich ihm vorschlage, den nächsten Flug nach Thessaloniki zu nehmen, um ihn dort abzuholen, ist er einverstanden. Sein Fahrzeug könnte er irgendwann später nach Hause holen.

Zwei Tage nach meinem Anruf sind wir wieder in Zürich.

Adrian sieht ein, dass es das Beste für ihn ist, zur Rekonvaleszenz eine Kur zu machen.

Unterdessen arbeite ich Tag und Nacht, wie eine Besessene, an dem Manuskript weiter. Es geht mir selbst nicht besonders gut. Denn manche Themen und Sequenzen sind derart belastend, dass ich anschließend im Bett stundenlang kein Auge zukriege. »Nur noch zweieinhalb Monate«, denke ich, »dann ist das geschafft.« Alle paar Tage bringe ich Adrian einige Manuskriptseiten zum Lektorieren vorbei. Es geht ihm schon wieder viel besser, sodass er bereits Pläne schmiedet, wie wir das Marion-Buch am besten lancieren könnten.

Anfang Juli fragt mich Khalid nach meinen Sommerplänen. Er selbst würde demnächst mit der Familie nach London reisen und anschließend, wie jedes Jahr, für einige Wochen in Europa bleiben. Eventuell würde sich mal eine Möglichkeit ergeben, um nach Zürich zu kommen. Für einen Moment gerate ich ins Träumen. Wie schön wäre es doch, Khalid wieder zu treffen.

Samstag, 5. Juli 2008
Lieber Khalid!
Für mich wird es diesen Sommer wahrscheinlich keine Ferien geben. Ich bin im Endspurt mit dem Marion-Buch. Und vom 15.–17. Juli fliege ich nach Budapest zu dem TV-Interview, dann für ein paar Tage auf unser Weingut, zwischendurch sollte ich noch nach München fahren... Aber weißt Du was: Über Deinen Besuch würden wir uns ALLE riesig freuen!!

Die Münchner Filmleute rücken mir inzwischen immer mehr auf den Leib. Dabei entwickeln sie ständig neue Strategien und

Ideen, wie man den Scheich dazu bewegen könnte, seine Unterschrift zu hinterlegen. Unklugerweise hatte ich der Agentur mitgeteilt, dass Khalid nun Ferien hätte, diese mit der Familie in London verbrächte und somit gar nichts laufe. Punkt. Doch da kommt umgehend die Antwort: »Es gibt ein Anwaltsbüro in London, zu dem wir Kontakte pflegen. Scheich Khalid könnte da hinfahren und ...«

Es ist zum Verzweifeln! Ich sitze zwischen allen Stühlen, denn ich will weder Khalid unter Druck setzen, noch die Filmleute enttäuschen.

Mittlerweile ist Adrian wieder da und übernimmt die anfallenden Arbeiten im Verlag. Ich unterstütze ihn, wo ich kann und engagiere mich gleich für ein neues Projekt: die brisante Geschichte einer ehemaligen Flugbegleiterin, die fünf Jahre lang für die Saudi Arabian Airways flog. Ich bin wild entschlossen, aus dem Stoff ein Buch zu machen und leite alles Nötige in die Wege. Adrian lässt mich gewähren, er vertraut auf mich. Währenddessen schreibe ich eifrig am Marion-Buch weiter.

Am 15. Juli reise ich, der Einladung eines ungarischen Verlages folgend, nach Budapest. Dieser übersetzt jedes Jahr ein, zwei europäische Bestseller und macht daraus seinen Sommertitel. Und auch gleich einen großen Event. In Begleitung von Franz und Adrian verbringe ich dort zwei Tage zwischen Radio- und TV-Stationen, Interviews, Glitzer und Glamour.

Als wir auf dem Flughafen Ferihegy landen, habe ich keine Ahnung, welch ein Marathon mir noch bevorsteht. Wir werden zu einem charmanten Hotel in die Innenstadt gefahren. Kaum ist das Gepäck abgeladen, geht es los. Die erste Station ist ein Radiosender, bei dem ein Interview auf dem Programm steht. Aber in welcher Sprache? Englisch, Deutsch, Ungarisch? Darauf bin ich nicht vorbereitet. Doch auf diesen Schreck folgt gleich Entwarnung: Die Moderatorin begrüßt mich und stellt mir für den Dialog eine Dolmetscherin zur Seite. So beginnt mein Spießrutenlauf durch Budapest.

Nach dem Mittagessen fährt unsere Limousine vor einem edlen Club vor. Nebst Paparazzi und Blitzlichtgewitter finden sich da die wichtigsten und schönsten Frauen der Hauptstadt. Vor dem Club parken neueste Range Rover, Mercedes-Geländewagen und andere berühmte Automarken – wie bei uns auch. Eigentlich wollen die ungarischen Frauen von mir nur eines wissen: Wie angelt man sich einen Scheich beziehungsweise wie viel Goldschmuck und Edeluhren gibt es bei arabischen Herrschersöhnen zu holen? Ich bin völlig konsterniert, so etwas hatte ich nicht erwartet. Bevor ich jedoch ein Wort sagen kann, hält man interessanterweise meinem Ehemann ein Mikrofon entgegen: »Sind sie nicht eifersüchtig auf Scheich Khalid?«

Amüsiert über die Direktheit der Moderatorin und schlagfertig wie immer, stellt Franz eine Gegenfrage: »Sind Sie etwa noch immer in erster Ehe verheiratet?«

Das ist die Dame zwar nicht, aber leider auch nicht mit einem Scheich aus Tausendundeiner Nacht... Am nächsten Tag werden wir um fünf Uhr früh geweckt. Der ungarische Verlagsleiter und sein Privatchauffeur erwarten uns wenig später bei der Rezeption. Bis zum Mittagessen habe ich bereits zwei TV-Talkshows hinter mir. Allesamt live Aufnahmen zum Frühshoppen. Massenweise Stars und solche, die es noch werden wollen, stehen vor der Maske, um geschminkt zu werden. Dann geht es nahtlos weiter in die Aufnahme-Studios, die im

Freien aufgebaut waren. Glücklicherweise habe ich eine geschickte Dolmetscherin und meine beiden Männer zur Seite, sonst würde ich diesen Stress vor den Interviews gar nicht durchstehen. Selbst beim Mittagessen in einem typisch ungarischen Restaurant mit lauschiger Pergola ist mir keine Verschnaufpause gegönnt. Die Journalistin einer großen Frauenzeitschrift wartet bereits in »Pole-Position«. Als ich in einer freien Minute die Toilette aufsuche und in den Spiegel sehe, erschrecke ich. Ein kreidebleiches Gesicht und zwei müde Augen blicken mir entgegen. Am späteren Nachmittag bringt man uns schließlich zum Flughafen zurück und völlig erledigt komme ich wieder zu Hause an. Wenig später trifft die nächste Mail von Khalid ein:

Samstag, 19. Juli 2008, 14.05 Uhr
Liebe Verena!
Wie geht es Dir? Wie war Dein Aufenthalt in Budapest? Inzwischen bin ich in London eingetroffen. Ich denke, dass wir uns sicher auch im Herbst sehen könnten, möglicherweise in Genf… Ich werde Dich jedenfalls auf dem Laufenden halten, wie bis dahin alles verläuft…

Samstag, 19. Juli 2008, 15.40 Uhr
Lieber Khalid!
Wie schön, von Dir zu hören! Ich musste in Budapest immer wieder an Dich denken, viele wollten wissen, wie es denn Scheich Khalid heute geht… Nun bin ich froh, diesen TV-Auftritt hinter mir zu haben. Du kannst Dir ja vorstellen, wie nervös ich war…

Pass auf, ich muss Dich leider etwas fragen. Die Münchner Filmleute lassen nicht locker. Sie wollen ständig wissen, wie weit Du mit dem Prüfen des Vertrags bist. Bitte teile mir doch mit, wie Du Dich entschieden hast. (Sag nicht, dass ich den Traum vom Film begraben muss…)
Bis später, lieben Gruß

Eigentlich spricht Khalid die ganze Zeit über nur von einem Treffen. Ich dagegen von zu viel Arbeit und seiner fehlenden Unterschrift zum Film. Leider fällt mir das aber erst jetzt auf, während ich dieses Buch schreibe. Oh weh…!

Samstag, 19. Juli 2008, 21.35 Uhr
Hallo Verena!
Damit Du nicht länger Deine Zeit verlierst: Ich weiß gar nicht, was ich dazu sagen soll, außer dass es mir leidtut… Es ist einfach zu riskant, meine Unterschrift auf dieses Dokument zu setzen. Ich hatte Zeit benötigt, um darüber nachzudenken und die Angelegenheit mit meinen Anwälten zu besprechen. Doch alle haben mir ausnahmslos davon abgeraten. Verzeih mir also, wenn ich Dir diesbezüglich eine Absage erteilen muss…
Khalid

Die Enttäuschung kriecht wie eine Schlange an mir hoch, als ich seine Worte lese. Es ist also vorbei. Definitiv. Hatte ich etwas anderes erwartet? Ein Wunder vielleicht? Reichte es denn nicht, dass Khalid mit seiner mündlichen Einwilligung bereits großes Entgegenkommen gezeigt hat?

Genau das ist es, was ich den Filmleuten jetzt klarmachen werde! Ich ärgere mich über sie. Was verlangen sie bloß für unmögliche Dinge von mir und Khalid!

Noch bevor ich dazukomme, eine Mitteilung aufzusetzen, trifft von der Agentur bereits eine neue Mail ein: Ob es denn Neuigkeiten gäbe? Wie? Keine Unterschrift? Oh, wie schade, ohne schriftliche Zustimmung gehe es leider gar nicht...

Es dauert nicht lange, da kommt die Filmagentur mit einer neuen, von Khalids Unterschrift unabhängigen Idee.

Montag 21. Juli 2008
Lieber Khalid!
Du brauchst mich nicht um Verzeihung zu bitten. Ich sollte diejenige sein, die um Verzeihung bittet... Vergiss bitte alles ganz schnell!! Weißt Du, mein Ehrgeiz geht mir manchmal selbst auf die Nerven... Hinzu kommt, dass ich es allen recht machen will... Also, sollte das Filmprojekt platzen, geht die Welt nicht unter für mich...!

Die darauffolgende Zeit erfordert eine Menge an Substanz. Khalid meldet sich nicht wieder. Und ich bin dabei, das allerschwierigste und traurigste Kapitel im Manuskript zu schreiben. Da, wo es mit Marion zu Ende geht.

An einem Abend im September nehme allen Mut zusammen und schreibe eine Mail, in der ich mich nach Khalids Wohlergehen erkundige – wie seine Ferien verlaufen sind, ob er inzwischen wieder nach Dubai zurückgekehrt sei... Nichts, was irgendwie mit dem Buch, dem Film oder Ähnlichem zu tun hat.

Dreißig Tage später entschuldigt er sich, dass er während eines ganzen Monats nicht in der Lage gewesen wäre, per E-Mail zu kommunizieren – was auch immer das heißen mag. Er hätte zwar einmal versucht, mich telefonisch zu erreichen, dabei aber leider keinen Erfolg gehabt.

Es ist also wieder einmal so weit. Wir befinden uns auf bestem Weg, uns in Irrungen und Wirrungen zu verstricken.

Montag, 6. Oktober 2008
Lieber Khalid!
Es sind noch keine fünf Monate vergangen, seit wir uns in Dubai versprochen hatten, für den Rest unseres Lebens offen und ehrlich miteinander zu sein. Du hast mich angefleht, es nie wieder zuzulassen, dass wir uns in Missverständnisse verstricken würden. Ich habe das Gefühl, es ist trotzdem passiert… Bitte sage mir offen und ehrlich, wenn ich Dich überfordert habe mit dem Filmprojekt?? Ich halte das nicht aus, Du machst mich traurig…

Dienstag, 7. Oktober 2008
Nichts ist, Verena, nichts, mein Mailaccount hat einfach nicht mehr funktioniert, das ist alles. Mach Dir bitte nicht zu viele Gedanken, o.k. …?
Khalid

Das ist klar und deutlich. Khalid hält es offenbar nicht mehr für nötig, sich an sein Versprechen zu halten. Und das Verhexte an der Sache ist: Während seine Worte immer kühler und distanzierter werden, verstehe ich überhaupt nicht warum. (Das heißt, jetzt schon, während ich dieses Buch schreibe! Khalid muss maßlos enttäuscht gewesen sein, dass ich auf seine versteckten Aufforderungen bezüglich eines Treffens nicht reagiert habe. Doch ich habe deshalb nicht darauf reagiert, weil ich sie nicht als solche erkannt hatte. Und Khalid hat sich nie klar ausgedrückt.)

Ich bin dementsprechend enttäuscht. Den Grund für Khalids plötzliche Distanz kann ich nur erahnen. Vermutlich war ihm mein permanentes Drängen zu der Unterschrift für das Filmprojekt zu viel. Und nachdem ich auf seine versteckten Vorschläge für ein Treffen nicht reagiert habe, fühlte er sich gekränkt. Er musste denken, ich wollte ihn nicht sehen. Missverständnis um Missverständnis, genau wie in alten Zeiten ...

Doch immerhin gibt es Erfolg auf einem anderen Gebiet: Mitte Oktober haben wir mein Marion-Buch in den Druck gegeben, sodass wir im November eine sehr schöne Vernissage veranstalten können. Diese findet wie geplant im Kinderspital Zürich statt. Meine Familie ist emotional so sehr vorbelastet, dass wir regelrecht Angst haben vor diesem Abend. Erst als der Professor mit seinem Referat beginnt, beruhigen sich unsere Gemüter. Während seiner eindrücklichen Rede bezieht der Kardiologe immer wieder Marion mit ein, was den medizinischen Ausführungen wiederum einen lebendigen, bildreichen Aspekt verleiht. Dann kündigt Adrian meine Lesung an: »Verena Wermuth beschreibt in ihrem Buch *Der geliehene Engel* sehr lebhaft und auf offene Weise die kurze, aber umso bewegtere Lebensgeschichte des Mädchens Marion mit dem Down-Syndrom ...«

Bei der anschließenden Signierstunde folgen so viele positive und wunderbare Stimmen von Menschen, die ich anscheinend berührt habe. Mein Buch, von dessen Erlös ein Teil der Psychokardiologie des Kinderspitals zugutekommen würde, wurde außerdem zur künftigen Pflichtlektüre des Pflegepersonals erklärt, was mich besonders stolz macht.

Nach dem Marion-Buch gehe ich sofort nahtlos zum Buch der ehemaligen Flugbegleiterin der Saudi Arabian Airways über.

Jetzt sehe ich im Lichtkegel der Straßenlaterne, dass es draußen anfängt zu schneien. Ich bin noch immer hellwach. Die Arbeit an dem Manuskript hat mich zu sehr aufgerieben. Im Moment bin ich dabei, die Vielzahl der Personen in den Griff zu bekommen, dazwischen Recherchen im Internet anzustellen. Auch wenn die Arbeit nur zäh vorangeht, so ist der Stoff ungemein spannend. Er bietet unzensierte Einblicke hinter die Mauern eines Hostessen-Camps, die westlichen Journalisten normalerweise überhaupt nicht möglich sind. Aber bald gibt es Ferien. Zwar nicht im Schnee, denn dort besteht keine Möglichkeit zum Golfen, sondern in den Gefilden arabischer Grünflächen. Genauer gesagt: in Dubai, wo es uns bereits seit vielen Jahren immer wieder hinzieht.

»Da wirst du aber kaum drum herumkommen, Khalid endlich einmal kennenzulernen«, bereite ich Franz vor.

Von dieser Ankündigung scheinbar unbeeindruckt, schweigt mein Mann bloß und sieht weiterhin unbeteiligt in den Fernseher. Was jedoch nicht unbedingt heißt, dass er ein Treffen grundsätzlich ablehnt. Franz gehört zu den Menschen, die nichts vorausplanen, sondern jeden Tag und jede Stunde so genießen wollen, wie es der Laune gerade beliebt. Nicht immer ganz einfach.

Jedenfalls hatte ich nun allen Grund, dieses unerträgliche Schweigen aus der Wüste zu unterbrechen.

Sonntag, 13. Dezember 2008
Hallo Khalid!
Wie geht es Dir? Ich hoffe, gut… Pass auf, demnächst werde ich, gemeinsam mit meinem Mann, Silvester in Dubai verbringen. Es gibt so viele interessante Neuigkeiten zu erzählen. Ich hoffe sehr, dass wir uns ganz bald sehen werden…

Montag, 14. Dezember 2008
Hallo Verena!
Bei mir ist alles okay. Die letzten paar Monate waren sehr streng für mich. Ich hoffe, wir werden die Möglichkeit haben, uns zu treffen, wenn Du in Dubai bist. Ruf mich einfach an…

Aha, ich habe Glück, Khalids Mailaccount funktioniert zufälligerweise! Doch Spaß beiseite: Ich bin so sehr erleichtert, ein Lebenszeichen aus der Wüste zu bekommen. Auch wenn Khalids Worte noch immer etwas kühl und distanziert klingen. Doch immerhin, das Schweigen scheint gebrochen zu sein.

Die Weihnachtstage verbringe ich im Kreise der Familie – wie immer mit einem Würfelspiel, bei dem es viele Geschenke zu gewinnen gibt. Danach geht es ab nach Dubai.

Dienstag, 29. Dezember 2008
Hallo Khalid, wir sind hier im Hotel Al Qasr... es ist wunderschön und noch schöner wäre es, wenn Du in den nächsten Tagen mal Zeit hättest für einen Besuch...

Dienstag, 29. Dezember 2008
Hi Verena, willkommen in Dubai! Ich fliege morgen nach Singapur, dann Jakarta... Melde mich, wenn ich zurück bin... Genieße die Tage! Bis bald, Khalid

Sonntag, 3. Januar 2009
Hi Verena, happy birthday! Geht es Euch gut? Wann würde Euch ein Treffen passen? Ich könnte eventuell Dienstag oder Mittwoch zum Lunch vorbeikommen...

Franz hat heute, zum geplanten Treffen, gar nicht seinen besten Tag, er streikt. Selbst auf den Helikopter-Rundflug, mein Geburtstagsgeschenk, musste ich allein gehen. Wie bringe ich das Khalid bloß bei?

Sonntag, 3. Januar 2009
Hi Khalid, inzwischen streikt mein Mann. Er findet es unpassend, meinen ersten Ehemann zu treffen. So leid es mir tut, wir werden uns nicht sehen können. Dafür schicke ich Dir ein Foto von mir... vom Helikopterflug über Dubai, heute Nachmittag!! (siehe Anhang)

Es folgt Null Reaktion. Das ist typisch Khalid, er ist wieder einmal gekränkt. Es ist zum Verzweifeln mit uns... In der

Schweiz stürze ich mich sogleich wieder in die Arbeit. Über das erneute Schweigen will ich gar nicht nachdenken und verdränge es, so gut es geht. Bis tief in die Nacht und in die frühen Morgenstunden sitze ich am Computer. Während ich gerade wieder einmal über Saudi Arabien recherchiere, stoße ich auf den Blog »Wüstenspuren«. Der Titel macht mich sofort neugierig. Ich will wissen, worum es geht. Dabei staune ich nicht schlecht. Flugkapitän Dieter Eppler, ehemaliger Swissair Pilot, ist offenbar mit Frau und Kindern in die Vereinigten Arabischen Emirate ausgewandert. Sein neues Domizil ist Abu Dhabi, gerade mal zwei Fahrstunden von Khalid, respektive von Dubai entfernt. Mein Herz macht sogleich einen Sprung. Voller Spannung lese ich, was Kapitän Eppler aus der Wüste zu berichten hat. Er fliegt inzwischen für Etihad Airways, die nationale Fluggesellschaft der Arabischen Emirate und schildert äußerst spannende Erlebnisse, zum Beispiel wie bei einer Wüstenhitze von 46 Grad Celsius schon mal das Pneumatiksystem versagt – Startabbruch! Den Kollaps eines Passagiers auf dem Rückflug von London erwähnt der Kapitän nur am Rande. Der passt scheinbar ebenso ins Schema wie die Tatsache, dass der auf Sitz 1A reisende Scheich der Regierungsfamilie des Emirats Ras Al Khaimah nach der Landung sein Portemonnaie vergisst. Was die Cabin Crew wiederum dazu zwingt, die Bargeldbeträge zu zählen. Denn andernfalls weigert sich das Bodenpersonal, die Geldbörse zu übernehmen. In Anbetracht der dicken Notenbündel ein Unterfangen, das unerwartet viel Zeit beansprucht …

Ich bin überrascht von Epplers Schilderungen. Vor allem von seiner ausdrucksstarken Erzählweise. Da steckt so viel Humor, Weisheit und Wahrheit drin. Die »Wüstenspuren« begleiten mich fortan während meiner nächtlichen Arbeit. Genauer gesagt, nach getaner Arbeit – gewissermaßen als Belohnung oder als Betthupferl. Und wehe, wenn der Kapitän einmal nichts in seinen Blog schreibt! Wenn er für ein zwei Tage, gar eine ganze Woche pausiert, weil ihn die Lust zum Schreiben nicht packt, dann treten regelrecht Entzugserscheinungen auf. Zum Glück bin ich damit aber nicht allein. Einige getreue Blogleser beschweren sich dann umgehend via Kommentar-Kästchen, er möge doch bitte weiterschreiben! So viel also zu den »Wüstenspuren«.

Anfang Mai 2009 geht *Lockruf Saudia*, mein drittes Buchprojekt, in den Druck. Als die Lieferung drei Wochen später eintrifft, bekommen unsere Partnerverlage in Deutschland sofort ein Exemplar. Unmittelbar danach erreicht uns ein erster Anruf: »Warum habt ihr uns das nicht früher geschickt! Ist ja der Hammer, dieses Buch! Jetzt müssen wir sofort eine Feuerwehr-Übung starten, um *Lockruf Saudia* auf die Titelseiten der Kataloge zu bringen.« Adrian und ich jubeln.

Von Freude und Übermut gepackt, schreibe ich Khalid spontan eine Mail:

Dienstag, 2. Juni 2009
Hi Khalid!
Diese Funkstille ist mir unheimlich! Dabei muss ich mich nochmals für Dubai entschuldigen... (Du weißt schon). Ich kann nur beten, dass Du, wie auch ich, diese Enttäuschung überwunden hast.
Bald ist ist ja schon wieder Ferienzeit und ich hoffe, dass wir

uns dann, wenn Du mit Deiner Familie nach Europa kommst, treffen können ...

Donnerstag, 4. Juni 2009
Hi Verena!
Nichts ist vergessen! Leider ist alles immer so kompliziert mit uns ... Ich weiß gar nicht, was ich dazu sagen soll ... Ja, ich werde mit meiner Familie bald nach Europa reisen. Paris wird vermutlich die erste Station sein, dann London und irgendwann sollte ich auch noch nach Schweden fliegen. Aber ich werde versuchen, einen Tag nach Zürich zu kommen ... Ich ruf Dich an.

Donnerstag, 4. Juni 2009
Ich freue mich, Dich zu treffen! Lieben Gruß auch von Mama, Lilli und Dagi

Inzwischen meldet sich auch das zweite deutsche Verlagshaus bei uns und zeigt Interesse an *Lockruf Saudia*. Wir vereinbaren einen Termin in drei Wochen, wenn ich zur Drehbuchbesprechung von *Die verbotene Frau* sowieso in München bin.

Am 10. Juni findet die Buchvernissage statt. Dieses Mal zittert unsere Autorin, die ehemalige Flugbegleiterin von Saudi Arabian Airways, vor Lampenfieber. Natürlich kann es Adrian nicht bleiben lassen, die Co-Autorin trotzdem auf die Bühne zu bitten, um ihr einen Blumenstrauß zu überreichen.

In den folgenden drei Monaten begleite ich das Buch weiter, telefoniere, organisiere Lesungen, Pressetermine, Flyer, alles Mögliche. Zu unserer Freude stürmt *Lockruf Saudia* auf Platz eins der Schweizer Top Ten und bleibt für siebzehn Wochen in der Hitparade. Der *geliehene Engel* hat es zwar nicht auf die Titelseiten der großen Magazine geschafft, dafür aber in die Schweizer Sachbuch Bestsellerliste. Auch in Deutschland verkauft sich das Buch sehr gut. Wir sind mehr als glücklich darüber.

Anfang Juli fährt Franz mit mir nach München zur ersten Drehbuchbesprechung. Die Begegnung mit dem Film-Drehbuchautor ist ziemlich aufregend. Nebst unzähligen Fragen, die er bereithält, will er vor allem spüren, was diese *verbotene Frau* für ein Mensch ist. Welche Besonderheiten, Charakter- und Wesenszüge Khalid und ich besitzen. Natürlich kann man an einem Abend keinen Menschen kennenlernen, aber danach bin ich für den Drehbuchautor nicht mehr nur auf den bedruckten Seiten meines Buches existent. Das hilft ihm sicher bei der Arbeit. Und mir gibt es das gute Gefühl, bei dem Projekt dazuzugehören. Allerdings hatte ich keine Vorstellung, welche Prozesse die Entwicklung einer Idee bis zum fertigen Drehbuch durchläuft.

Mittwoch, 22. Juli 2009
Hi Verena, ich bin jetzt in Paris ... mit Familie!

Donnerstag, 23 Juli 2009
Hallo Khalid, wie schön, von Dir zu hören! Ich freue mich, falls wir uns sehen, Dir von meinem neuen Buchprojekt und dem Treffen in München mit dem Drehbuchautor zu erzählen. Es hat sich so vieles ereignet in den letzten Monaten. Du kannst Dir kaum vorstellen, was Deine verbotene Frau *alles erlebt...!*

Samstag, 25. Juli 2009
Hi Verena, wie ich höre, tut sich etwas... Ich bedaure, Deinen Erfolg nicht mit Dir teilen zu können... Aber ich bin so stolz auf Dich und in Gedanken bei Dir in der Schweiz. Ich hoffe, wir können uns bald sehen... Sobald sich dafür eine Möglichkeit ergibt, rufe ich Dich an...

Elf Tage später, als ich gerade am Computer sitze, ertönt das Signalzeichen meines Handys, das ankündigt, dass eine SMS eingetroffen ist. Khalid! Ich werde nervös. Es ist so weit, er kommt nach Zürich. Möglicherweise ist er schon da...?

Sorry, meine Liebe, wir sind auf dem Rückflug nach Hause, eines der Kinder ist erkrankt. Nichts Schlimmes. Mach Dir keine Sorgen... Khalid

Hallo Khalid, alles Gute für das Kind. Ich hoffe für Dich und Deine Familie, dass alles schnell wieder gut wird... Verena

Eigentlich bin ich weder abergläubisch, noch glaube ich an Hexerei. Aber irgendwie muss da doch eine fremde Macht ihre Finger im Spiel haben. Es darf scheinbar nicht sein, dass wir uns so schnell wieder sehen. Ich bin völlig frustriert – und diese vergebliche Anspannung vor jedem vermeintlichen Treffen macht mich zusätzlich fertig.

Doch schon bald folgt die nächste Aufregung. Meine Filmagentin fragt nämlich an, ob ich Lust hätte, zu einer Sendung mit dem Thema »Arabische Königswelten« zu kommen. Lust nicht, aber ich fühle mich der Agentur auf die eine oder andere Weise verpflichtet.

An dem Tag bin ich so aufgeregt wie lange nicht mehr. Durch die innere Nervosität kann ich die Menschen um mich herum gar nicht mehr richtig wahrnehmen. Selbst bei dem sogenannten Aufwärmgespräch mit Drinks und Häppchen im Redaktionsraum, merke ich nicht einmal, dass sich der »Star des Abends«, eine bekannte Journalistin und Nahostexpertin, unter uns befindet. Sie begrüßt alle und kennt jeden hier, als wäre das Rundfunkstudio ihr Zuhause. Ich nehme an, sie gehört zum Sender. Etwas später, in der Maske, ist sie plötzlich neben mir. Sie fragt mich nach Scheich Khalid und ich versuche, ihr auszuweichen. Kurz darauf sitzt sie dann vor laufender Kamera. Das Ganze ist mir unsäglich peinlich. Am liebsten würde ich tief in den Boden versinken. Die Dame, die sich als Auslands-Korrespondentin bei ihren Drehreisen auf die Spuren arabischer Königswege begeben hat, führt mit äußerst spannenden und kompetenten Ausführungen durch die Sendung. Zu allem Ungemach erfahre ich hinterher auch noch, dass ich auf Empfehlung von ihr in die Sendung eingeladen wurde. Selbstverständlich habe ich mich danach noch persönlich bei ihr bedankt und mich auch dafür entschuldigt, dass ich an diesem Tag ein bisschen »neben mir« stand…

Kurz nach der Sendung begebe ich mich aufgrund zunehmender Beschwerden erstmals in schlafmedizinische Abklärung. »Mittelschwere Depression«, meinen die Ärzte. Ich nehme die Diagnose nicht ernst, dafür ein paar Medikamente. Kapitän Epplers »Wüstenspuren« bleiben meine nächtlichen Begleiter. Khalids (gelegentliche) SMS-Grüße die Silberstreifen am Horizont.

Wie so oft nach Weihnachten fliegen wir auch dieses Jahr für ein paar Tage in wärmere Gefilde. Im Sultanat Oman, dem Land zwischen Märchen und Moderne, suche ich etwas Ablenkung und Erholung. Keine Frage, Muskat ist ein wahrer Traum aus Tausendundeiner Nacht: Wenn man durch die Altstadt und den Souk schlendert, umwehen einen tausend Düfte, umgeben von bunten Farben und lebensfrohen Menschen. Der Hafen zwischen steil abfallendem Gebirge und bizzaren Felsen erinnert geradezu an Sindbads Reise. Trotzdem schweifen meine Gedanken immer wieder ab.

Eines Nachts fällt es mir wie Schuppen von den Augen. Diese Piloten-Geschichte gehört zwischen zwei Buchdeckel! Ich schreibe Kapitän Eppler eine Mitteilung ins Kommentarkästchen. Er solle sich bitte bei Adrians Verlag melden, wir wären interessiert, seine »Wüstenspuren« als Buch zu veröffentlichen. Adrian lässt mich einmal mehr gewähren, er hofft auf den vierten Bestseller...

Vier Wochen später kommt Dieter Eppler nach Zürich. Nach einigen Mails und Vorabinformationen zwischen Abu Dhabi und der Schweiz treffen wir uns in einem Hotel. Vor dem Eingang sehe ich den Kapitän, wie er gerade jemanden verabschiedet. Als er mich erkennt, grinst er breit. Er kann es noch immer nicht glauben, dass ihm ein Verlag angeboten hat, seine »Wüstenspuren Blog-Berichte« in Buchform zu veröffentlichen.

Wir setzen uns an einen Tisch und diskutieren mehr als zwei Stunden. Dabei präsentiere ich Dieter Eppler ein vollständiges Konzept über Inhalt, Form, Umfang und Vorgehensweise.

Der Kapitän ist beeindruckt. Wie er sagt, möchte er den Ausgang unseres Gespräches, das ihm entscheidende Impulse zu seinem freiberuflichen Schaffen gegeben hat, überdenken. Ich habe ein gutes Gefühl. Ich merke, dass er die Herausforderung und den Nervenkitzel liebt, dass er bereit ist für ein nächstes Abenteuer.

Überhaupt habe ich das Gefühl, in seinem Kopf rotierten die Gedanken wie in einer Zentrifuge. Was wenig erstaunt, da Piloten ja Multitasker erster Güte sind. Ohne Multitasking kein Überleben im Flugzeugsimulator. Wie sonst wären Flugkapitäne in der Lage, den Ausfall eines elektrischen Systems, einen Fahrwerkschaden, eine Hydraulikpanne und einen Ausfall des Geschwindigkeitsmessers gleichzeitig zu meistern?

Meinem Verleger berichte ich am Telefon über den Ausgang des Treffens.

»Schieß los«, meint Adrian.

»Du wirst es nicht glauben, welch eine umwerfende Persönlichkeit dieser Kapitän ist!«

»Mach es nicht so spannend.«

»Dann eben kurz: Er hat so gut wie zugesagt!«

»Schön.«

Ab jetzt geht der tägliche Mail-Verkehr mit Abu Dhabi und in die große weite Welt über Sydney nach New York und Kathmandu los. Es beginnt meine aufregendste Autoren- und Lektoratszeit überhaupt. Nicht, dass mir zuvor langweilig gewesen wäre. Nein, nein. Im Gegenteil, ich sehe, je länger je mehr, Berge von unerledigter Arbeit vor mir. Dinge eben, die ich seit dem Erfolg meiner Bücher und dem damit verbundenen Engagement vernachlässigt habe. Dabei kommt es des Öfteren vor, dass ich Mama zum Wäschebügeln oder Franz zum Geschirrabwasch und Einkaufen verbrumme. Man muss das Glück eben packen, wenn es da ist.

Einen Monat nach der ersten Begegnung mit Kapitän Eppler, also im April 2010, klemme ich mich hinter die Manuskriptarbeit. Als Erscheinungstermin schwebt mir Weihnachten vor.

Dienstag, 13. April 2010
Hallo Khalid, ich muss Dir unbedingt eine Mail schreiben…
He, wie geht es Dir? Ich freue mich jedes Mal so sehr über Deine SMS-Grüße… Meine Gedanken sind trotz der Distanz ständig in Dubai und bei Dir… Pass auf, ich habe schon wieder ein neues Buchprojekt. Dabei handelt es sich um die Geschichte eines ehemaligen Swissair-Piloten. Weil ihm die Identifikation mit dem neuen Arbeitgeber fehlte, ist er mit seiner Familie in die arabische Wüste ausgewandert. Rate, wohin…? Er fliegt jetzt für Etihad Airways!! Wie findest Du das?
Ganz liebe Grüße, auch von Mama, Lilli und Dagi.

Zwei Tage später folgt eine SMS:

Hi Verena! Gratulation zu dem neuen Buchprojekt! Schicke bitte Mama und Deinen Schwestern ganz liebe Grüße von mir…

Ach, hätte ich bloß nichts davon erzählt. Anstatt dass sich Khalid für mich freut, sieht er es wahrscheinlich nicht so gerne, dass ich einen Draht nach Abu Dhabi habe. Geschweige denn zu einem männlichen Autor. Mein Buchprojekt und den Piloten wird er in den folgenden Monaten nie, mit keinem Wort, erwähnen. Eigentlich schade. Mein Mann ist da ganz anders. Er unterstützt und bestärkt mich stets in meiner Arbeit.

So bin ich momentan bestrebt, dass es zügig vorangeht mit der Manuskript-Arbeit. Doch ich merke bald, dass mein Plan nicht aufgeht. Weder zeitlich noch inhaltlich. Blog-Einträge lassen sich nun mal nicht 1:1 als Buch umsetzen. Auch wenn die Episoden des Piloten noch so spannend und fesselnd geschildert sind, so sind es eben doch einzelne, in sich abgeschlossene Texte, die in keinem Zusammenhang stehen. Dieter Eppler erkennt das Problem. Wir kommen überein, es in gemeinsamer Arbeit zu lösen. Im Zeitalter der Mehrfach-Telefonie und Internetkommunikation würde uns das schließlich problemlos gelingen. Eines Abends im November fällt es mir wie Schuppen von den Augen: Dieses Buch soll am 2. Oktober, dem zehnjährigen Jubiläum des Swissair-Grounding-Tages erscheinen! Es wäre das perfekte Timing.

In meinem Kopf sprüht es bereits vor Plänen und Ideen. Am liebsten würde ich sofort die gesamte Presse und den Buchhandel aufscheuchen. Überdies war klar, dass ich unsere Partnerverlage, diesmal gleich zu Anfang, am besten morgen, auf unseren nächsten Bestseller vorbereiten würde…

Darüber hinaus plane ich wieder mal eine Reise nach Dubai.

Mittwoch, 8. Dezember 2010
Hi Khalid! Danke für Deine SMS von letzter Nacht… Ja, es geht mir gut, alles bestens bei mir! Wie geht es Dir? Was tust Du denn in Karachi…?
Pass auf, ich habe vor, am 31. März nach Dubai zu kommen…!

Genauer gesagt, ist bereits alles gebucht und bestätigt... Eine Freundin von mir wird mich begleiten. Diesmal muss es einfach klappen, dass wir uns treffen können, Khalid... Ich freue mich riesig auf unser Wiedersehen...!

Tatsache ist, dass meine Freundin seit Jahren verspricht, mit mir nach Dubai in die Ferien zu fahren. Nun hat endlich alles geklappt. Timing, Job, Kinderbetreuung usw. Unsere Reise sollte was ganz besonderes werden, Verwöhnferien, wie man so schön sagt. Dies nicht zuletzt, weil wir Frauen ein bisschen geplagt sind – ich, wie immer, von Schlaflosigkeit, meine Freundin von Stress und Ärger wegen eines Rohrbruchs im Haus.

Allein schon der Flug mit Etihad Airways, dessen Flat-Bed-Sitzen, einer fünf-Sterne-Küche und dem riesigen Angebot an Bordunterhaltung dürfte daher zur Erholung pur werden. Direkt nach der Landung in Abu Dhabi werden wir ins 200 Kilometer entfernte Wüstenresort Qasr Al Sarab fahren (zu Deutsch: Palast der Fata Morgana). Dort wollen wir uns vier Tage lang bei Hammam-Dampfbädern und Kräuterstempel-Massagen aufbauen und verwöhnen lassen. Danach, frisch und strahlend vor innerer Schönheit, in die Stadt zurückkehren, um den Etihad-Piloten und Scheich Khalid zu treffen. Spaß beiseite. Das Treffen mit Dieter Eppler dient der reinen Arbeit. Was auch Grund dafür ist, weshalb unser Dreh- und Angelpunkt nicht auf das benachbarte Dubai, sondern auf Abu Dhabi gefallen ist. Doch letztlich kommt alles ganz anders als geplant. Wie das Leben eben so spielt.

Samstag, 11. Dezember 2010
Hi Verena, inzwischen bin ich wieder in Dubai, Karachi war lediglich ein Kurz-Trip, geschäftshalber. He, es freut mich, dass Du mit Deiner Freundin nach Dubai kommst... Natürlich werden wir uns sehen!! Ich zähle die Tage bis März schon jetzt...☺. Khalid

Dann folgt ein Anruf aus München: »Hallo Verena! Stell dir vor, wir konnten die fantastische Schauspielerin Alexandra Neldel, bekannt aus dem Film *Die Wanderhure*, für die Hauptrolle in *Die verbotene Frau* gewinnen! Ist das nicht großartig...«

Ich bin beeindruckt und mächtig stolz darauf, dass solch eine talentierte Schauspielerin, die Millionen von Zuschauern am Bildschirm fesselte, die verbotene Frau spielen würde.

Die nächsten zwei Monate, bis zum Treffen mit Kapitän Eppler, arbeite ich Tag und Nacht an den Manuskript-Korrekturen. Ansonsten passiert nichts Besonderes. Außer dass ich mich wie ein Kind auf die Reise mit meiner Freundin freue und die Tage bis zum Abflug zähle. Dann werde ich krank. Acht Tage vor dem Abflug. Schon wieder ein Grippe-Infekt. Ich fluche innerlich. Am Tag des Abflugs bin ich zwar fieber- und schmerzfrei, doch setzt plötzlich ein komischer Husten ein.

Als wir am Flughafen Abu Dhabi erstmals an die frische Luft treten, überkommt mich ein regelrechter bronchialer Anfall. So als hätte der Flug alles verschlimmert. Das Krächzen will kaum mehr aufhören. Mali, meine Freundin, sieht mich besorgt an. Abends um neun Uhr steigen wir in die Limousine, die uns 200 Kilometer weit in die Wüste bringt.

Vor uns erhebt sich, aus der Dunkeheit der Nacht, der leuchtende Palast der Fata Morgana, ein wahrer Märchentraum aus Tausenundeiner Nacht. Die Stimmung zwischen hochstämmigen Palmen, Mauern, Türmen und Dünen versetzt uns sogleich in eine morgenländische Trance. In der Hotelhalle ist es ganz still. Mit einem Mal rauschen drei Araberinnen in wallenden Abayas vorbei, bevor sie sich alsbald wieder in dem Schummerlicht der Gänge verlieren. Es ist kurz vor Mitternacht, als wir uns endlich auf einer der Terrassen entspannt in das mit weichen Kissen gepolsterte Sofa lehnen. Überwältigt von den Silhouetten riesiger Sanddünen, die sich im Schwarz der Nacht vor uns auftürmen, genießen wir die Stille.

Ich schicke Khalid eine SMS: »*Bin in der Wüste angekommen – das Qasr al Sarab ist ein wahrer Märchentraum…*«

Am nächsten Morgen schaffe ich kaum noch den Weg und die Treppenstufen zum Restaurant hinauf. Ständig muss ich innehalten, mich an eine der sandsteinernen Mauern lehnen. Mali bemerkt: »Es steht nicht gut um dich. Wir sollten nach einem Arzt fragen.«

Ich winke ab. Nach dem Frühstück fängt unser Wellnessprogramm an, dann wird es schon wieder besser werden. Doch die philippinische Masseuse muss ihre Arbeit mitten in meiner Behandlung abrechen. Ich glaube, ich habe Fieber, bekomme kaum mehr richtig Luft. Auf dem Zimmer rufe ich die Rezeption an und bitte um einen Arzt. Zwanzig Minuten später trifft der erste Mediziner ein, gleich darauf eine Pflegerin und noch ein Arzt. Sie messen Blutdruck, Körpertemperatur, hören die Lunge ab… Dann vernehme ich, wie einer der

Ärzte zu seinem Kollegen sagt: »Sie muss mit dem Helikopter ins Spital gebracht werden.« Ich bekomme es mit der Angst zu tun und protestiere. Wo bleibt Mali bloß so lange! Schließlich kommt man überein, der Patientin Ventolin zu verabreichen. Alle sechs Stunden. Nach einigen Minuten kommt die Pflegerin mit einem Aerosolgerät und einem Fläschchen mit Flüssigkeit zurück. Das Gerät wird am Strom angeschlossen. Als die Lösung anfängt zu dampfen, stülpt man mir die an einem Schlauch hängende Maske über Mund und Nase. Solchermaßen »ausgestattet« findet mich meine Freundin vor, als sie einige Zeit später im Zimmer eintrifft. Mali sieht mich völlig entgeistert an. Um sie zu beruhigen, hebe sofort die Maske an und ächze: »Es ist alles nicht so wild, wie es aussieht...«

Sie schüttelt nur den Kopf, läuft zur Minibar und öffnet die Tür mit einem Ruck. Sie nimmt ein Tonic Wasser heraus und setzt sich aufs Sofa. Plötzlich springt sie auf und sagt: »Ich muss das fotografieren, uns glaubt das zu Hause sonst kein Mensch.«

Na ja, unser Wüstenabenteuer geht ziemlich in die Hose. Ich verspüre echtes Bedauern mit Mali. Sie muss die ganzen vier Tage allein am Pool verbringen. Zwischenzeitlich habe ich auch die beiden Herren über mein »Elend« informiert: Dieter Eppler zeigt Mitleid und Khalid ist so nervös, dass er gar zu uns fahren will. Dass er mich in solch einem Zustand sieht, ist aber natürlich das Letzte, was ich will.

Inzwischen sind wir wieder an unserem Dreh- und Angelpunkt, Abu Dhabi, angelangt. Die restlichen acht Tage unserer Ferien würden wir hier, im Emirates Palace, einem der luxuriösesten Hotels der Welt verbringen. Ich will die Koffer erst gar nicht auspacken. Zu groß, zu weitläufig und mausoleumsmäßig scheint mir das Innere dieses Baus. »Lass uns einen Blick auf den Strand und die Poolanlagen nehmen«, schlage ich vor. Malis Gesicht verrät, dass sie ebenso wenig glücklich ist über die Hotelwahl.

»Gott, oh Gott, hier bleiben wir keine Nacht«, entfährt es mir, als wir den Marathon zum Strand und den Poolanlagen zurücklegen. Was vom Flugzeug aus wie eine halbmondförmige Bucht aussieht, zieht sich kilometerweise, eingerahmt von Baukränen und Baustellen, in die Weite.

Wir setzen sofort alle Hebel in Bewegung, um das Hotel zu wechseln. Nach Stunden des Herumtelefonierens findet unser ägyptischer Reiseagent, der mittlerweile ziemlich genervt ist und schon gar nicht verstehen kann, weshalb man aus dem »atemberaubendsten Hotel der Welt« ausziehen will, endlich ein Zimmer in einem Strandhotel. Zwar nicht in Abu Dhabi, dafür in Dubai, respektive im Jebel Ali Hotel. Als ich den Namen höre, freue ich mich sofort. »Wow, das Jebel Ali, meine alte Heimat, da, wo Erinnerungen aufflackern, da, wo alles geschah...«

Ohne dass ich es geplant habe, rückt Khalid nun ganz in unsere Nähe. Es trennen uns lediglich noch 40 Kilometer voneinander. Ich spüre seine Nähe förmlich. Mali ist schon ganz gespannt, Khalid endlich einmal kennenzulernen. Doch ich will noch ein bis zwei Tage warten, bis sich mein Gesundheitszustand etwas gebessert hat. Khalid will nur eines: Mich so schnell wie möglich sehen.

Am zweiten Tag vertröste ich Khalid auf den dritten. Doch bereits am Nachmittag ruft er mich an und erklärt, dass es schwierig würde für ihn, aus der Stadt wegzukommen, es seien unverhofft Besucher eingetroffen und er hätte Verpflichtungen.

»Kein Problem Khalid, dann treffen wir uns eben übermorgen«, entgegne ich. »Morgen habe ich leider den Termin in Abu Dhabi mit dem Piloten. Wir werden den ganzen Tag am Manuskript arbeiten und am Abend gemeinsam mit seiner Ehefrau Franziska Essen gehen.«

Am fünften Tag klappt es dann tatsächlich. Allerdings hat Khalid noch Besuch und entschuldigt sich schon im Vorfeld, dass wir gemeinsam mit seinen Geschäftsfreunden essen müssten. Anschließend würde uns sicher noch genügend Zeit bleiben, um den Rest des Abends allein genießen zu können. Nun ja, ich war es nicht anders gewohnt.

Mali und ich stürzen uns in unsere besten Klamotten. Dabei gibt es aber noch eine kleine Diskussion. Meine Freundin will ein schwarzes, enges Top tragen, das mit silbernen Nieten bestückt ist. »Tut mir leid Mali, aber das geht nicht, wir sollten möglichst wenig auffallen.«

»Na hallo, das ist ein teures Designerstück...«

»Designerstück hin oder her, wir treffen uns nicht in einem Club, sondern in einem Stadthotel, zum Nachtessen mit seiner Hoheit Scheich Khalid und einigen Geschäftsleuten. Ach, Mali, es tut mir ja so leid, ich mache mir wahrscheinlich wieder einmal viel zu viele Sorgen.«

Während sich meine Freundin mir zuliebe umzieht, schmunzelt sie bloß und verdreht ihre Augen.

Als uns das Taxi um acht Uhr beim Hotel ablädt, gehen wir durch die Lobby und setzen uns auf ein Sofa. Wir warten, wie aufgetragen, bis Khalid aus der Besprechung im Business-Center kommt und uns abholt.

Es vergehen zehn Minuten, zwanzig Minuten – nichts passiert. Außer dass wir allmählich beäugt werden: Vorwiegend von einheimischen Männern, die in ihrer weißen Dischdasch und Sandalen durch die Halle schlurfen oder wie wir auf jemanden warten.

»Verena, wir warten nun schon seit über zwanzig Minuten auf Khalid. Möchtest du ihn nicht kurz anrufen und ihm mitteilen, dass wir hier sind?«

»Ich weiß nicht so recht, ob ich ihn während einer Konferenz stören darf...«

»Langsam wird es aber ungemütlich hier. Sicher ist dir nicht entgangen, welch eindeutige Blicke uns die Männer zuwerfen.«

»Ach, übertreib nicht so, Mali«, schmunzle ich. »Schau einfach an die Decke oder auf den schönen Boden.«

Mali erhebt sich mit einem Ruck vom Sofa und geht nach draußen. Als sie wieder kommt, geht sie unruhig auf und ab. Schließlich baut sie sich vor mir auf und wirft demonstrativ einen Blick auf ihre Uhr: »Da stimmt doch was nicht, es ist 20.40 Uhr.«

»Sie hat ja keine Ahnung, wie langsam die Uhren der Wüste ticken«, denke ich. In dem Augenblick klingelt mein Handy.

»Hello... Wo wir bleiben? Na, wir sind seit 20.00 Uhr hier in der Lobby und warten auf dich.«

»Verena, das tut mir jetzt aber echt leid. Ich bin davon ausgegangen, dass du dich bei eurer Ankunft meldest. Entschuldige vielmals! Ich schicke sofort jemanden herunter, der euch zu mir bringt.«

»Ach, immer diese Missverständnisse mit Khalid«, ärgere ich mich.

Mali lächelt bloß gefällig: »Siehst du, wir hätten ihn anrufen sollen, ich habs ja gleich gesagt.«

Es vergeht keine Minute, da öffnet sich die Lifttür. Ein Einheimischer in weißer Dischdasch tritt in die Halle hinaus. Sein

Blick fällt schnurgerade auf uns. Kein Wunder, denn wir sind ja die einzigen weiblichen Wesen, die sich in der Lobby aufhalten. Er verzieht keine Mine. Erst als er etwa drei Meter vor uns stehen bleibt, nickt er und fordert uns mit einem zaghaften Lächeln auf, ihm zu folgen. Man spürt die Blicke der Anwesenden förmlich. Mali steht bereits, während ich mich langsam, so wie es den hiesigen Gepflogenheiten entspricht, vom Sofa erhebe. Erst jetzt dreht sich der Mann um, geht in gemächlichem, schlurfendem Schritt voran durch die Halle. Wir folgen ihm schweigend.

Als sich die Lifttür hinter uns schließt, kriecht die Scham an uns hoch. Was mussten die Leute bloß denken. Es bedarf keiner Worte, ein gegenseitiger Blick genügt und wir wissen, dass wir ein und denselben Gedanken haben. Die Fahrstuhltür öffnet sich. Ein paar wenige Schritte nur, und wir finden uns inmitten einer Cigar Bar.

»Mali, keine Hände schütteln!«, will ich noch sagen, aber alles geht ganz schnell. Khalid heißt uns willkommen, und schon streckt Mali zackig ihre Hand über den Clubtisch aus und begrüßt jeden Einzelnen der fünf anwesenden Araber. Während Khalid, der am oberen Ende des Tisches sitzt, mir den Platz neben sich anbietet, nicke ich den Herren bloß zu. Khalid strahlt mich aus vollem Herzen an. Mir schießt Röte ins Gesicht.

»Mali, Mali«, lächelt er, »why Verena is always so shy?« (Warum ist Verena bloß immer noch so schüchtern?)

Damit hat Khalid wohl nicht nur das Eis gebrochen, sondern den Nagel auf den Kopf getroffen. Aus Mali sprudelt es heraus wie aus einer Leitung. Man merkt deutlich, dass Khalid sofort ihre Gunst und Sympathie gewonnen hat. Das freut mich natürlich riesig. Welche Frau wäre nicht stolz, wenn der

Verflossene ihrer Freundin gefällt! Vor allem bin ich aber sehr froh, dass Mali so viel redet und somit keinerlei Befangenheit am Tisch aufkommt. Die Männer sehen sie mit immer größeren Augen an, halb bewundernd, halb erstaunt, als käme das feingliedrige Persönchen, das keinerlei kulturelle Barriere kennt, vom Mars.

Zwei der Männer verabschieden sich bald. Khalids Sekretär, der wie immer mit dabei ist, verlangt die Rechnung. Wir wechseln vom schicken Ambiente der Cigar Bar ins edle, mit Designermöbeln ausgestattete Cascade Restaurant. Unser Tisch ist etwas abgesondert, in einer diskreten Ecke, wahrscheinlich speziell hergerichtet für Scheichs und ihre Familien.

Während wir uns nun im Small Talk unterhalten, meint Khalid plötzlich: »Verena, lass uns nach drüben in die Cigar Bar gehen.«

Ich bin froh, dass wir uns endlich ein wenig über Privates unterhalten und frei plaudern können.

»Erzähl, wie war dein Treffen gestern mit dem Piloten?«, fragt Khalid.

»Oh, wir haben gearbeitet. Den ganzen Nachmittag lang – sechs Stunden am Stück! Denn wenn ein Manuskript zu Ende geschrieben ist, gibt es immer viele Korrekturen und Nachträge.«

Khalid sieht mir eindringlich in die Augen.

»Das war zwar nicht gerade einfach, in der Atmosphäre eines ständigen Kommens und Gehens der Shangri-La Lounge. Weißt du, die Epplers sind gestern Vormittag gerade erst von ihrem Urlaub zurückgekehrt. Und in Anwesenheit der drei Kinder, einer Ehefrau, die mit Kofferauspacken und Wäschewaschen beschäftigt ist, hätten wir noch weniger Ruhe gehabt. Aber es kommt super mit dem Buch. Ich habe ein gutes Gefühl.«

»Ich bin stolz auf dich, Verena.«

Khalids Blick hat sich so sehr an mir festgeheftet, als könnte er gar nicht recht glauben, dass seine ehemalige große Jugendliebe vor ihm sitzt. Zugegebenermaßen geht mir das mit Khalid genauso. Aber ich zeige es nicht so offen.

»Ach, und der Abend auf der Terrasse am Creek mit Aussicht auf die gegenüberliegende Moschee war ja echt ein Traum! Zum Schluss hat mein Taxifahrer, in der Dunkelheit der Nacht, das Jebel Ali Hotel nicht mehr gefunden. Es war der Horror. Und eingeschlafen ist er auch noch am Steuer. Aber davon muss ich dir später berichten, Khalid.«

»Ja, lass uns wieder ins Restaurant wechseln, wir sollten die anderen nicht zu lange allein lassen.«

So geht das während des ganzen Abends – ein ständiges Kommen und Gehen.

Schließlich werden wir alle immer fröhlicher und ausgelassener. Bis Khalid findet: Was dir die Familie Eppler gestern geboten hat (Umm Ali Brei essen und dazu Shisha-Pfeife rauchen), das kann ich auch. Nur viel authentischer – inmitten der Wüste zwischen Sanddünen und Lagerfeuer auf weichen Kissen und Teppichen.

Alle sind sofort begeistert und einverstanden damit, am nächsten Abend in die Wüste hinauszufahren, um dort ein Beduinenfest zu veranstalten.

Khalid hat natürlich keine Vorstellung, wie tief Kapitän Eppler mit diesem Land und seinen Traditionen verbunden ist. Wie sehr ihn der Zauber und die Magie des Orientalischen in den fünf Jahren, in denen er hier schon lebt, tatsächlich in den Bann gezogen haben. Bei unserem Abendessen im Shangri-La, zwischen arabischem Kaffee und dem Blubbern einer Shisha-Pfeife an unserem Tisch, äußerte er die Vermutung, dass er möglicherweise ein Beduinensohn der mindestens zehnten Generation sei... Franziska, seine Frau, antwortete bloß mit einem mitleidigen Kopfschütteln. Doch man merkt, dass auch sie Wehmut verspürt, wenn sie an die bevorstehende Rückkehr in die Schweiz denkt. Leider läuft Kapitän Epplers Vertrag bald aus. Die Epplers hatten sich mit der Entscheidung, für weitere Jahre in Abu Dhabi zu leben oder in die Heimat zurückzukehren, enorm schwergetan. Ich kann es ihnen nachfühlen. Vielleicht ist unser Buchprojekt gerade zum richtigen Zeitpunkt gekommen – etwas Ablenkung vom Schmerz des großen Abschieds.

Am nächsten Tag ist der ganze Himmel wolkenverhangen. Wir sitzen beim Frühstück und wundern uns über das für diese Jahreszeit so ungewöhnliche Wetter. Später, als wir am Strand entlangspazieren, fallen erste Regentropfen. Das darf nicht wahr sein. Unser Beduinenabend!

Ich schicke Khalid eine SMS: *Wie ist das Wetter in der Stadt? Bei uns in Jebel Ali fallen immer wieder Regentropfen...*

Hier in der Stadt auch... Laut Wetterbericht soll es gegen Abend sogar einsetzende Niederschläge geben. Den Ausflug in die Wüste müssen wir wahrscheinlich verschieben...

Am Abend setzt tatsächlich Regen ein, der die ganze Nacht über anhält. Mali und ich sind etwas frustriert. Es ist unser sechster und vorletzter Abend in Dubai. Uns bleibt nichts anderes übrig, als auf den morgigen Tag zu hoffen.

Doch dann regnet es weiter. Die Wolken wollen und wollen sich nicht verziehen. Ich kann es meiner Freundin nicht verdenken, wenn sie allmählich schwermütig wird. Erst meine Krankheit, dann die Enttäuschung mit dem Emirates Palace Hotel, und jetzt auch noch dieses Regenwetter.

Der Abend macht jedoch alles wieder wett. Khalid gelingt es, ein letztes Treffen zu arangieren. Er lädt uns zum Essen ein und bringt uns anschließend zum Flughafen.

Seine Limousine fährt pünktlich um sieben Uhr beim Eingang des Jebel Ali Hotels vor. Während der Fahrer unser Gepäck entgegennimmt, bleibt seine Hoheit hinter den verdunkelten Scheiben seines Fahrzeugs sitzen. Als wir einsteigen, telefoniert Khalid gerade. Im Fond des Wagens findet sich außerdem sein ständiger Begleiter, Khalids Sekretär. Noch haben wir keine Ahnung, aber ich vermute, dass wir den Abend nicht mit Khalid allein verbringen werden.

Und tatsächlich, in der Lobby des Crowne Plaza Hotels in Abu Dhabi erwarten uns bereits einige Leute. Diesmal keine Einheimischen, sondern Expats, wie es zum Beispiel Dieter Eppler und seine Frau sind. Mit von der Partie ist unter anderem der französische Architekt, dem ich schon bei meiner letzten Dubai-Reise begegnet bin.

Selbst wenn die Atmosphäre bei unserer Tafel ungezwungen und locker ist, so könnte ich auf solche Treffen verzichten. Khalid spürt das. Er flüstert mir zu: »Ich wünschte, wir wären jetzt in Zürich... Weißt du, hier kann ich dich niemals allein treffen, es steht zu viel auf dem Spiel. Also werde ich dich weiterhin verstecken müssen...«

Damit meint er wohl, dass er mich ständig unter andere Leute mischen muss, damit kein Verdacht auf uns fällt. Mali stört das nicht weiter, sie ist nach wie vor hingerissen von Khalid. Sie freut sich schon auf ein Wiedersehen in der Schweiz.

Gegen Mitternacht werden wir zum Flughafen gebracht. Endlich ein paar Minuten, auf dem Rücksitz der Limousine, mit Khalid allein. Nicht ganz allein, aber wenigstens ohne die Anwesenheit fremder Menschen. Mali richtet ihren Blick zum Fenster hinaus. Während die vorbeiziehenden Lichter der Stadt immer kleiner werden und der Flughafen näher rückt, ergreift Khalid meine Hand. Er drückt sie fest: »Ich bin so glücklich, dass ich dich wieder sehen durfte, Habibti.«

»Ich auch«, erwidere ich und schwöre mir, Khalid künftig nie mehr wieder zu verpassen, wenn er in Europa ist...

Epilog

Einige Monate später, im Herbst 2011, erscheint unser Buch *Blindflug Abu Dhabi* von Dieter Eppler – ein herausragender Erfahrungsbericht vor der Kulisse des Arabischen Golfes. Das Buch schafft es noch vor dem zehnjährigen Gedenktag an das Swissair-Grounding in die Bestsellerlisten.

Nicht nur Scheich Khalid, meine Familie und meine Freunde und Leute aus der Branche wundern sich über den anhaltenden Erfolg meiner Buchprojekte. Was jedoch nicht überrascht ist, dass der bis dahin ungebrochene Arbeitseifer in eine Art Erschöpfung umschlägt. Mein Körper zieht die Notbremse. Nichts geht mehr. Zugleich sehe ich Berge unerledigter Arbeiten, die sich wie ein Bollwerk, gegen das ich nicht ankomme, vor meinem inneren Auge auftürmen. Und alle Leute, denen ich begegne, fragen mich: »Arbeiten Sie wieder an einem neuen Buchprojekt?« Ich winke stets lächelnd ab und erkläre, dass ich im Moment eine »künstlerische Pause« einlege.

Ein Jahr später, im September 2012, sehe ich ein, dass ich da nicht mehr allein herauskomme. Ich begebe mich in schlafmedizinische Obhut. Diesmal nehme ich die Ärzte und ihre Diagnose ernst.

Von meiner Filmagentin vernehme ich unterdessen, dass *Die verbotene Frau* demnächst verfilmt würde. Es fehle nur noch an der Drehbewilligung für Dubai. Da diese seit Wochen auf sich warten lässt, hofft man darauf, dass Scheich Khalid bei der zuständigen Behörde Einfluss nehmen wird. Ich sitze einmal mehr zwischen den Stühlen und weiß nicht, was ich tun soll. Als man mir schließlich eröffnet, das Filmprojekt könne daran scheitern, schicke ich todesmutig eine SMS nach Dubai. Meine Anfrage, die eigentlich gar keine ist, stößt auf großes Unverständnis. Seither herrscht bei Khalid Funkstille. Es ist der bisher längste Bruch seit unserem ersten Wiedersehen nach achtzehn Jahren. Ich brauche wohl nicht zu erwähnen, wie betrübt ich darüber bin.

Mein Buch *Die verbotene Frau* wird ein halbes Jahr später, im Mai 2013, in Marokko verfilmt. In den Hauptrollen spielen Alexandra Neldel, Homeland-Darsteller Mido Hamada und der Österreicher Andreas Lust. Die Ausstrahlung wird im Herbst 2013 erfolgen. Ich bin schon gespannt auf das Ergebnis.